쓰기가
문해력
이다

4단계

초등 4 ~ 5학년 권장

교 재	교재 내용 문의는 EBS 초등사이트	교 재	발행 이후 발견된 정오 사항을 EBS 초등사이트	교 재	공지된 정오 내용 외에 발견된 정오 사항이
내 용	(primary.ebs.co.kr)의 교재 Q&A 서비스를	정 오 표	정오표 코너에서 알려 드립니다.	정 정	있다면 EBS 초등사이트를 통해 알려 주세요.
문 의	활용하시기 바랍니다.	공 지	교재 검색 → 교재 선택 → 정오표	신 청	교재 검색 → 교재 선택 → 교재 Q&A

쓰기가 문해력이다

4단계

초등 4 ~ 5학년 권장

자신의 생각을 글로 표현하지 못하는 우리 아이?
평생을 살아가는 힘, '문해력'을 키워 주세요!

'쓰기가 문해력이다'

쓰기 학습으로 문해력 키우기

1 읽고 말한 내용을 글로 표현하는
쓰기 학습이 가능합니다.

단순히 많은 글을 읽고 문제를 푸는 것만으로는 쓰기 능력이 늘지 않습니다.
머릿속에 있는 어휘 능력, 독해 능력을 활용하여 내 생각을 글로 표현할 수 있도록
'생각 모으기 → 생각 정리하기 → 글로 써 보기'로 구성하였습니다.

2 대상 학년에 맞게 수준에 맞춰
단계별로 구성하였습니다.

학년별 수준에 따라 체계적인 글쓰기 학습이 가능하도록 저학년 대상 낱말 쓰기 단계부터 고학년 대상 한 편의 글쓰기 단계까지
수준별 글쓰기에 맞춰 '낱말 → 어구 → 문장 → 문단 → 글'의 단계별로 구성하였습니다.

3 단계별 5회×4주 학습으로 부담 없이
다양한 글쓰기 훈련이 가능합니다.

1주 5회의 학습 분량으로 글쓰기에 대한 부담 없이 학습할 수 있도록 커리큘럼을 세분화해서 회별 집중 글쓰기
학습이 되도록 구성하였습니다.
글 쓰는 방법을 자연스럽게 익힐 수 있도록 '어떻게 쓸까요'에서 따라 쓰면서 배운 내용을 '이렇게 써 봐요'에서
직접 써 보면서 글쓰기 방법을 익히도록 구성하였습니다.

4 글의 종류에 따른 구성 요소를 한눈에 알아보도록 디자인화해서
체계적인 글쓰기 학습이 가능합니다.

글의 종류에 따라 글의 구조에 맞게 디자인 구성을 달리하여 시각적으로도 글의 구성을 한눈에 파악할 수 있도록
하여 글쓰기를 쉽고 재미있게 학습하도록 구성하였습니다.

5 상황에 맞는 어휘 활용으로
글쓰기 능력을 향상시킬 수 있습니다.

글쓰기에 필요한 기본 어휘 활용 능력을 향상시킬 수 있도록 부록 구성을 하였습니다.
단계별로 낱말카드, 반대말, 틀리기 쉬운 말, 순우리말, 동음이의어, 속담. 관용표현, 사자성어 등을 상황 설명과
함께 삽화로 구성하여 글쓰기 능력의 깊이와 넓이를 동시에 키워 줍니다.

EBS 〈당신의 문해력〉 교재 시리즈는 약속합니다.

교과서를 잘 읽고 더 나아가 많은 책과 온갖 글을 읽는 능력을 갖출 수 있도록
문해력을 이루는 핵심 분야별, 학습 단계별 교재를 준비하였습니다.
한 권 5회×4주 학습으로 아이의 공부하는 힘, 평생을 살아가는 힘을 EBS와 함께 키울 수 있습니다.

어휘가 문해력이다

어휘 실력이 교과서를 읽고 이해할 수 있는지를 결정하는 척도입니다.
〈어휘가 문해력이다〉는 교과서 진도를 나가기 전에 꼭 예습해야 하는 교재입니다.
20일이면 한 학기 교과서 필수 어휘를 완성할 수 있습니다.
교과서 수록 필수 어휘들을 교과서 진도에 맞춰
날짜별, 과목별로 공부하세요.

쓰기가 문해력이다

쓰기는 자기 생각을 표현하는 미래 역량입니다.
서술형, 논술형 평가의 비중은 점점 커지고 있습니다.
객관식과 단답형만으로는 아이들의 생각과 미래를 살펴볼 수 없기 때문입니다.
막막한 쓰기 공부. 이제 단어와 문장부터 하나씩 써 보며 차근차근 학습하는
〈쓰기가 문해력이다〉와 함께 쓰기 지구력을 키워 보세요.

ERI 독해가 문해력이다

독해를 잘하려면 체계적이고 객관적인 단계별 공부가 필수입니다.
기계적으로 읽고 문제만 푸는 독해 학습은 체격만 키우고 체력은 미달인 아이를 만듭니다.
〈ERI 독해가 문해력이다〉는 특허받은 독해 지수 산출 프로그램을 적용하여 글의 난이도를
체계화하였습니다.
단어·문장·배경지식 수준에 따라 설계된 단계별 독해 학습을 시작하세요.

배경지식이 문해력이다

배경지식은 문해력의 중요한 뿌리입니다.
하루 두 장, 교과서의 핵심 개념을 글과 재미있는 삽화로 익히고 한눈에 정리할 수 있습니다.
시간이 부족하여 다양한 책을 읽지 못하더라도 교과서의 중요 지식만큼은 놓치지 않도록
〈배경지식이 문해력이다〉로 학습하세요.

디지털독해가 문해력이다

디지털독해력은 다양한 디지털 매체 속 정보를 읽어 내는 힘입니다.
아이들이 접하는 디지털 매체는 매일 수많은 정보를 만들어 내기 때문에
디지털 매체의 정보를 판단하는 문해력은 현대 사회의 필수 능력입니다.
〈디지털독해가 문해력이다〉로 교과서 내용을 중심으로 디지털 매체 속 정보를 확인하고
다양한 과제를 해결해 보세요.

쓰기가 문해력이다로
자신 있게 내 생각을 표현하도록 쓰기 능력을 키워 주세요!

〈쓰기가 문해력이다〉는 글쓰기 능력을 향상시킬 수 있는 단계별 글쓰기 교재로, 학습자들에게 글쓰기가 어렵지 않다는 인식이 생기도록 체계적으로 글쓰기 학습을 유도합니다.

"맞춤법에 맞는 낱말 쓰기 연습이 필요해요."
"쉽고 재미있게 써 보는 교재가 좋아요."
"완성된 문장을 쓸 수 있는 비법을 알았으면 좋겠어요."
"생각을 표현하는 데 도움이 되는 글쓰기 교재가 필요해요."
"한 편의 완성된 글쓰기를 체계적으로 쓸 수 있는 교재면 좋겠어요."
"글의 종류에 따른 특징을 알고 쓰는 방법을 익힐 수 있는 교재가 필요해요."

 **P단계**

1주차	자음자와 모음자가 만나 만든 글자
2주차	받침이 없거나 쉬운 받침이 있는 낱말
3주차	받침이 있는 낱말과 두 낱말을 합하여 만든 낱말
4주차	주제별 관련 낱말

 **1단계**

1주차	내가 자주 사용하는 낱말 1
2주차	내가 자주 사용하는 낱말 2
3주차	헷갈리는 낱말과 꾸며 주는 낱말
4주차	바르게 써야 하는 낱말

 **2단계**

1주차	간단한 문장
2주차	자세히 꾸며 쓴 문장
3주차	소개하는 글과 그림일기
4주차	다양한 종류의 쪽지글

 **3단계**

1주차	다양하게 표현한 문장
2주차	사실과 생각을 표현한 문장
3주차	다양한 종류의 편지글
4주차	다양한 형식의 독서 카드

P~1 단계
기초 어휘력 다지기 단계
낱말 중심의
글씨 쓰기 도전

2~3 단계
문장력, 문단 구성력 학습 단계
문장에서 문단으로
글쓰기 실전 도전

4~7 단계
글쓰기 능력 향상 단계
글의 구조에 맞춰
글쓰기 도전

4 단계

1주차 생활문

2주차 독서 감상문

3주차 설명문

4주차 생활 속 다양한 종류의 글

5 단계

1주차 다양한 종류의 글 1

2주차 다양한 종류의 글 2

3주차 의견을 나타내는 글

4주차 형식을 바꾸어 쓴 글

6 단계

1주차 대상에 알맞은 방법으로 쓴 설명문

2주차 다양한 형식의 문학적인 글

3주차 매체를 활용한 글

4주차 주장이 담긴 글

7 단계

1주차 논설문

2주차 발표문

3주차 다양한 형식의 자서전

4주차 다양한 형식의 독후감

이책의 구성과 특징

무엇을 쓸까요 ?

주차별 학습 내용을 한눈에 볼 수 있도록 학습 내용을 알아보기 쉽게 그림과 함께 꾸몄습니다.
1주 동안 배울 내용을 삽화와 글로 표현하여 학습 내용에 대해 미리 엿볼 수 있도록 하였습니다.

어떻게 쓸까요 ?

글쓰기의 방법을 알려 주는 단계로, 글의 구조에 맞게 완성된 한 편의 **글을 쓰는 과정**을 보여 줍니다. 글쓰기의 예로 든 글을 부분부분 따라 써 보면서 글쓰기의 방법을 자연스럽게 익혀 보는 코너입니다.

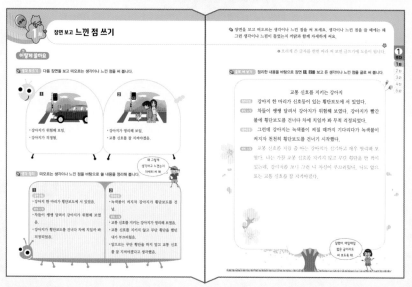

이렇게 써 봐요

'어떻게 쓸까요'에서 배운 글쓰기 단계에 맞춰 **나의 글쓰기**를 본격적으로 해 보는 **직접 쓰기 단계**입니다.
'어떻게 쓸까요'에서 배운 글쓰기 과정과 동일한 디자인으로 구성하여 나만의 글쓰기 한 편을 부담 없이 완성해 볼 수 있도록 하였습니다.

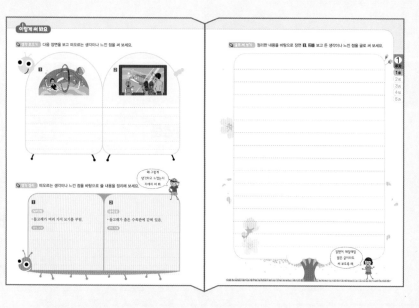

아하~ 알았어요

1주 동안 배운 내용을 문제 형식으로 풀어 보도록 구성한 **확인 학습 코너**입니다. 내용에 맞는 다양한 형식으로 제시하여 부담 없이 문제를 풀어 보도록 구성하였습니다.

참 잘했어요

1주 동안 배운 내용과 연계해서 **놀이 형식**으로 꾸민 코너입니다. **창의. 융합 교육을 활용**한 놀이마당 형식으로, 그림을 활용하고 퀴즈 등 다양한 형식으로 구성하여 재미있고 즐거운 마무리 학습이 되도록 하였습니다.

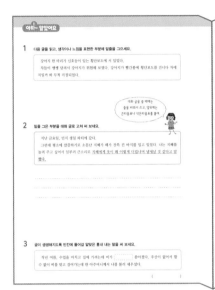

더 알아 두면
좋은 내용이라서 글쓰기에
도움을 주는구나!

혼자서도 자신 있게
한 편의 글을 완성할 수 있다는
것을 알게 해 주네!

부록

각 단계별로 본 책과 연계하여 **더 알아 두면 유익한 내용**을 삽화와 함께 구성하였습니다.

정답과 해설

'이렇게 써 봐요' 단계의 예시 답안을 실어 주어 '어떻게 쓸까요'와 함께 다시 한번 완성된 글들을 읽어 봄으로써 **반복 학습 효과**가 나도록 하였습니다.

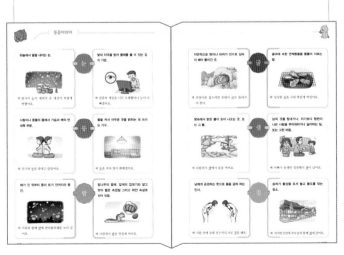

이 책의 차례

3주차

설명문

4주차

생활 속 다양한 종류의 글

1주차

생활문

맴~ 맴~ 매앰~

무엇을 쓸까요

똑같은 경험을 하고도 **생각이나 느낌**이 서로 달라요.

사람마다 **인상 깊은 일**이나 기억에 남는 일도 달라요.

이번 주에는 인상 깊은 일을 골라 **자연스럽고 솔직하게** 글을 써 봐요.

장면 보고 느낀 점 쓰기

어떻게 쓸까요

생각 모으기 다음 장면을 보고 떠오르는 생각이나 느낀 점을 써 봅니다.

1
- 강아지가 위험해 보임.
- 강아지가 걱정됨.

2
- 강아지가 영리해 보임.
- 교통 신호를 잘 지켜야겠음.

> 왜 그렇게 생각하고 느꼈는지 자세히 써 봐.

생각 정리 떠오르는 생각이나 느낀 점을 바탕으로 쓸 내용을 정리해 봅니다.

1

일어난 일
- 강아지 한 마리가 횡단보도에 서 있었음.

생각, 느낌
- 차들이 쌩쌩 달려서 강아지가 위험해 보였음.
- 강아지가 횡단보도를 건너다 차에 치일까 봐 걱정되었음.

2

일어난 일
- 녹색불이 켜지자 강아지가 횡단보도를 건넘.

생각, 느낌
- 교통 신호를 지키는 강아지가 영리해 보였음.
- 교통 신호를 지키지 않고 무단 횡단을 했던 내가 부끄러웠음.
- 앞으로는 무단 횡단을 하지 말고 교통 신호를 잘 지켜야겠다고 생각했음.

📝 장면을 보고 떠오르는 생각이나 느낀 점을 써 보세요. 생각이나 느낀 점을 쓸 때에는 왜 그런 생각이나 느낌이 들었는지 까닭과 함께 자세하게 써요.

🌸 흐리게 쓴 글자를 한번 따라 써 보면 글쓰기에 도움이 됩니다.

✏️ **글로 써 보기** 정리한 내용을 바탕으로 장면 **1**, **2**를 보고 든 생각이나 느낀 점을 글로 써 봅니다.

교통 신호를 지키는 강아지

일어난 일 강아지 한 마리가 신호등이 있는 횡단보도에 서 있었다.

생각, 느낌 차들이 쌩쌩 달려서 강아지가 위험해 보였다. 강아지가 빨간불에 횡단보도를 건너다 차에 치일까 봐 무척 걱정되었다.

일어난 일 그런데 강아지는 녹색불이 켜질 때까지 기다리다가 녹색불이 켜지자 천천히 횡단보도를 건너기 시작했다.

생각, 느낌 교통 신호를 지킬 줄 아는 강아지가 신기하고 매우 영리해 보였다. 나는 가끔 교통 신호를 지키지 않고 무단 횡단을 한 적이 있는데, 강아지를 보니 그런 나 자신이 부끄러웠다. 나도 앞으로는 교통 신호를 잘 지켜야겠다.

잘했어. 매일매일 짧은 글이라도 써 보도록 해.

생각 모으기 다음 장면을 보고 떠오르는 생각이나 느낀 점을 써 보세요.

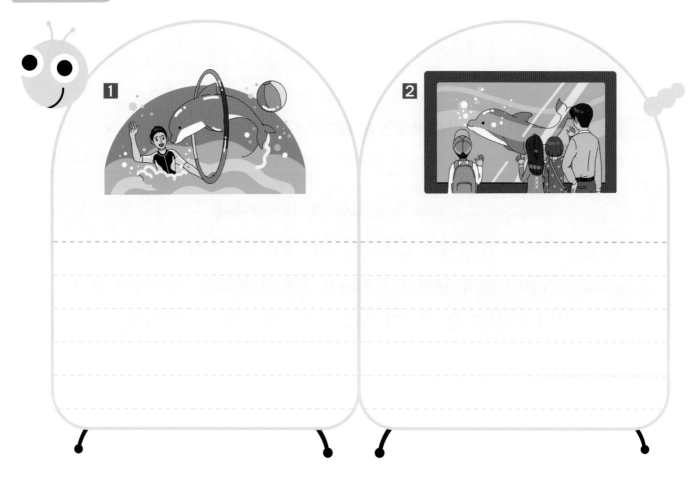

왜 그렇게
생각하고 느꼈는지
자세히 써 봐.

생각 정리 떠오르는 생각이나 느낀 점을 바탕으로 쓸 내용을 정리해 보세요.

1

일어난 일

• 돌고래가 여러 가지 묘기를 부림.

생각, 느낌

2

일어난 일

• 돌고래가 좁은 수족관에 갇혀 있음.

생각, 느낌

잘했어. 매일매일 짧은 글이라도 써 보도록 해.

잘못한 일에 대한 생활문 쓰기

어떻게 쓸까요

🏷 **생각 모으기**   내가 잘못했던 일과 관련된 것들을 생각나는 대로 써 봅니다.

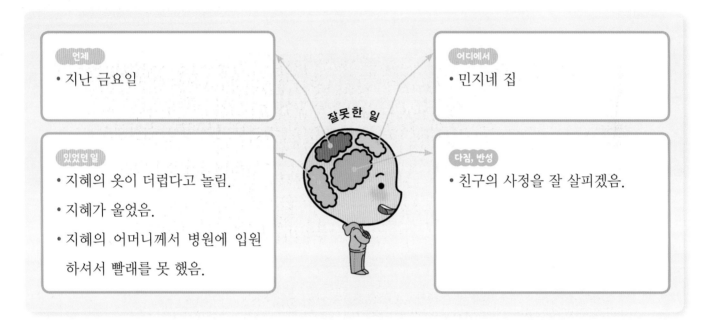

언제
- 지난 금요일

어디에서
- 민지네 집

있었던 일
- 지혜의 옷이 더럽다고 놀림.
- 지혜가 울었음.
- 지혜의 어머니께서 병원에 입원하셔서 빨래를 못 했음.

다짐, 반성
- 친구의 사정을 잘 살피겠음.

잘못한 일

🏷 **생각 정리**   생각나는 대로 쓴 것을 바탕으로 쓸 내용을 정리해 봅니다.

다짐이나 반성이 잘 드러나도록 써야 해.

나의 잘못 때문에 일어난 일

언제 ・ 지난 금요일

어디에서 ・ 민지네 집

있었던 일 ・ 지혜의 옷이 더럽다고 놀림.

・ 지혜가 울면서 집에 감.

・ 지혜의 어머니께서 병원에 입원하셔서 빨래를 못 했다는 것을 알게 됨.

다짐, 반성 ・ 지혜에게 너무 미안함.

・ 다음부터는 친구의 사정을 잘 살피도록 노력하겠음.

'생활문'이란 자신이 생활하면서 보고, 듣고, 느낀 일을 실감 나게 쓴 글이에요. 평소 생활에서 나의 잘못 때문에 일어난 일과 그때 어떤 다짐이나 반성을 했는지 글로 써 보세요.

🌸흐리게 쓴 글자를 한번 따라 써 보면 글쓰기에 도움이 됩니다.

 글로 써 보기 정리한 내용을 바탕으로 잘못한 일에 대한 생활문을 써 봅니다.

지혜야, 미안해

언제
어디에서

지난 금요일, 민지 생일 파티에 갔다.

있었던 일

그런데 평소에 깔끔하기로 소문난 지혜가 때가 잔뜩 낀 바지를 입고 있었다. 나는 지혜를 놀려 주고 싶어서 일부러 큰 소리로 말했다.

"어휴, 지혜야! 옷이 왜 그렇게 더럽니? 냄새날 것 같아."

내 말에 지혜는 생일 파티도 하지 않고 울면서 집에 갔다. 갑작스러운 상황에 내가 아무 말도 못 하자 옆에 있던 민지가 말했다.

"지혜 어머니께서 병원에 입원하셔서 며칠째 빨래도 못 했대."

다짐, 반성

순간 지혜에게 너무 미안했다. 지혜의 상황을 알지도 못하고 함부로 말한 내가 너무 미웠다. 다음부터는 친구의 사정을 잘 살피도록 노력해야겠다.

겪었던 일을 통해 무엇을 느꼈는지 잘 드러나게 쓰도록 해. 대화 글을 넣어 쓰면 글이 더 생생하게 느껴져.

이렇게 써 봐요

🖊 **생각 모으기**　내가 잘못했던 일과 관련된 것들을 생각나는 대로 써 보세요.

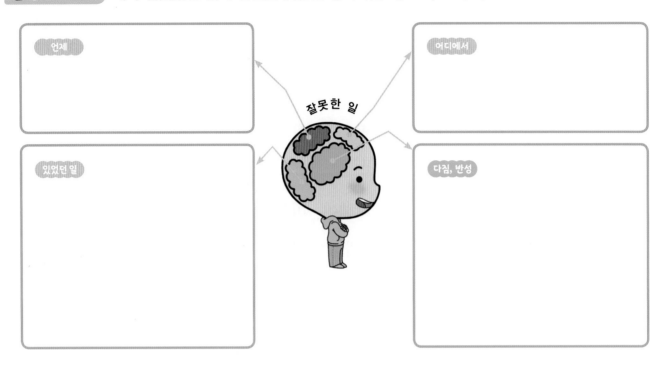

언제

어디에서

잘못한 일

있었던 일

다짐, 반성

🖊 **생각 정리**　생각나는 대로 쓴 것을 바탕으로 쓸 내용을 정리해 보세요.

> 다짐이나 반성이
> 잘 드러나도록
> 써야 해.

언제

어디서

있었던 일

다짐, 반성

정리한 내용을 바탕으로 잘못한 일에 대한 생활문을 써 보세요.

겪었던 일을 통해 무엇을
느꼈는지 잘 드러나게 쓰도록 해.
대화 글을 넣어 쓰면 글이
더 생생하게 느껴져.

기억에 남는 일에 대한 **생활문 쓰기**

어떻게 쓸까요

생각 모으기 겪은 일 중에서 기억에 남는 일을 생각해 보고, 그때의 일을 생각나는 대로 써 봅니다.

> **연제**
> • 작년 여름

> **어디에서**
> • 집에 가는 길거리

기억에 남는 일

> **겪은일**
> • 우산이 없어서 비를 맞는 나에게 한 아주머니께서 우산을 주심.
> • 우산을 아파트 1층 현관에 둠.

> **생각, 느낌**
> • 한 사람 한 사람의 작은 배려가 모여 이웃을 생각하는 마음을 갖게 함.

> 겪은 일 중에서
> 중요한 사건 한 가지를
> 쓰도록 해.

생각 정리 생각나는 대로 쓴 것을 바탕으로 쓸 내용을 정리해 봅니다.

연제	• 작년 여름
어디에서	• 집에 가는 길거리
겪은일	• 우산이 없어서 비를 맞음.
	• 한 아주머니께서 우산을 주심.
	• 우산을 아파트 1층 현관에 두어 다른 사람들이 쓸 수 있게 함.
	• 우산을 빌려 쓴 사람들이 고맙다는 쪽지를 남기고, 우산의 개수가 점점 늘어남.
생각, 느낌	• 한 사람 한 사람의 작은 배려가 모여 이웃을 생각하는 마음을 갖게 함.

💬 기억에 남는 일이란 마음속에 남아 자꾸만 생각나거나 다른 사람에게 꼭 들려주고 싶은 일 등을 말해요. 내가 겪은 일 중에 가장 기억에 남는 일을 중심으로 생활문을 써 보세요.

🌸 흐리게 쓴 글자를 한번 따라 써 보면 글쓰기에 도움이 됩니다.

🏷️ **글로 써 보기** 정리한 내용을 바탕으로 기억에 남는 일에 대한 생활문을 써 봅니다.

아주머니의 우산이 준 선물

**언제
어디에서
겪은일** 작년 여름, 수업을 마치고 집에 가려는데 비가 주룩주룩 쏟아졌다. 우산이 없어서 할 수 없이 비를 맞고 걸어가는데 한 아주머니께서 나를 불러 세우셨다.

"애, 우산이 없니? 우산 한 개 남았는데 너 쓰고 가렴."

아주머니께서는 우산을 쥐여 주시고는 손을 흔들며 가시던 길을 가셨다. 나는 집에 돌아와 아주머니께서 주신 우산을 어떻게 할까 고민하다가 누구나 쓸 수 있도록 아파트 1층 현관에 세워 두었다. 그리고 벽에는 '누구에게나 빌려주는 우산입니다!'라고 써 붙였다.

며칠 뒤, 놀라운 일이 벌어졌다. 벽에는 우산을 빌려줘서 고맙다는 쪽지들이 붙었고, 우산의 개수가 점점 늘어났다.

생각, 느낌 이 일을 통해 나는 한 사람 한 사람의 작은 배려가 모여 서로를 위하고 이웃을 생각하는 마음을 갖게 해 줄 수 있다는 것을 알았다. 지금도 비가 오면 그 아주머니가 생각난다.

인상 깊은 일이 잘 드러나도록 자세히 써야 해.

이렇게 써 봐요

🔖 **생각 모으기**   겪은 일 중에서 기억에 남는 일을 생각해 보고, 그때의 일을 생각나는 대로 써 보세요.

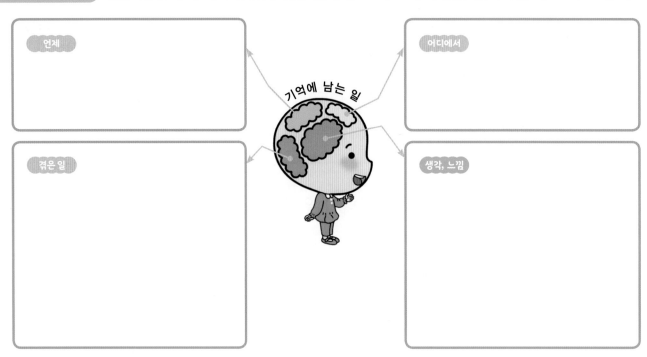

언제

어디에서

겪은 일

생각, 느낌

기억에 남는 일

🔖 **생각 정리**   생각나는 대로 쓴 것을 바탕으로 쓸 내용을 정리해 보세요.

> 겪은 일 중에서
> 중요한 사건 한 가지를
> 쓰도록 해.

언제

어디에서

겪은 일

생각, 느낌

글로 써 보기 정리한 내용을 바탕으로 기억에 남는 일에 대한 생활문을 써 보세요.

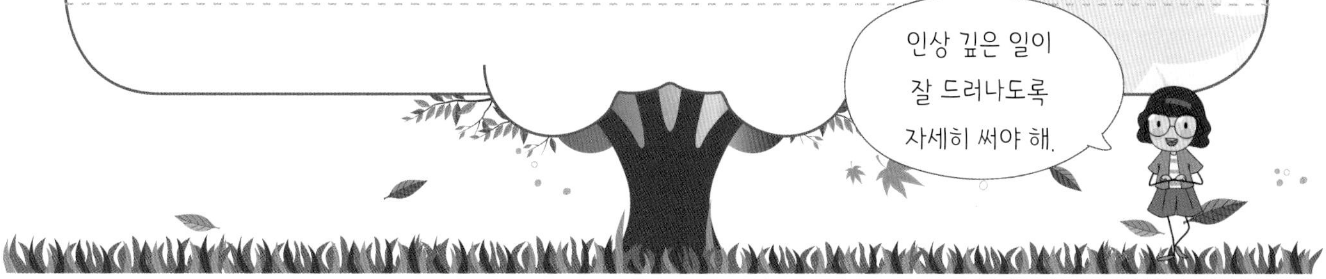
인상 깊은 일이
잘 드러나도록
자세히 써야 해.

학교생활에 대한 **생활문 쓰기**

어떻게 쓸까요

생각 모으기 학교에서 있었던 일 중에서 기억에 남는 일과 그때 든 생각을 정리해 봅니다.

기억에 남는 일

언제
• 지난 수요일

어디에서
• 교실

있었던 일
• 일일 교사로 오신 다애 아버지께서 패션 디자이너에 대해 설명해 주심.

생각, 느낌
• 하나의 옷을 만들기 위해 많은 지식이 필요하다는 것을 알게 됨.

생각 정리 생각나는 대로 쓴 것을 바탕으로 쓸 내용을 정리해 봅니다.

언제 • 지난 수요일

어디에서 • 교실

있었던 일 • 일일 교사로 패션 디자이너이신 다애 아버지께서 오심.

• 패션 디자이너가 되기 위해 해야 할 일과 신상품이 만들어지는 과정을 설명해 주심.

생각, 느낌 • 하나의 옷을 만들기 위해서는 다양한 지식이 필요하다는 것을 알게 됨.

학교생활을 하면서 기억에
남는 사람이나 사건 등을
떠올리고 있었던 일을 정리해 봐.

💬 생활문의 글감을 떠올릴 때는 장소를 중심으로 떠올릴 수도 있어요. 학교에서 친구나 선생님과 있었던 일, 수업 시간이나 급식 시간, 등하교 시간에 있었던 일 중 기억에 남는 일을 떠올려 생활문을 써 보세요.

🌸 흐리게 쓴 글자를 한번 따라 써 보면 글쓰기에 도움이 됩니다.

1
주차

1회
2회
3회
4회
5회

🏷️ **글로 써 보기** 정리한 내용을 바탕으로 학교생활에 대한 생활문을 써 봅니다.

패션 디자이너

언제
어디에서
있었던 일

"옷이 날개라는 말이 있죠? 제가 그 날개를 만들어 드립니다."

지난 수요일, 다양한 직업을 소개하는 일일 교사로 오신 다애 아버지의 인사말이 인상적이었다.

"패션 디자이너가 되려면 우선 디자인이나 의류*와 관련된 학과를 전공해야* 해요."

다애 아버지께서는 패션 디자이너가 하는 일에 대해 자세히 설명해 주셨다. 신상품이 나오려면 6개월 전부터 해외의 패션 흐름을 분석하고, 샘플을 만들고, 여러 번의 수정을 거쳐야 한다고 한다. 또 사람들의 마음이나 사회 분위기 등도 연구해야 한다고 한다.

생각, 느낌

옷은 그저 예쁘고 멋있게 만들기만 하면 된다고 생각했는데, 하나의 옷을 만들기 위해서는 여러 분야에 대한 연구가 필요하다고 하니 놀라웠다. 일일 교사이신 다애 아버지 덕분에 패션 디자이너라는 직업에 대해 알 수 있는 알찬 시간이었다.

* **의류** 옷이나 옷과 같은 종류의 것들을 통틀어 이르는 말.
* **전공해야** 어느 한 분야를 전문적으로 연구해야.

특별한 수업이나 학교생활과
관련하여 있었던 일을
떠올려 쓰도록 해.

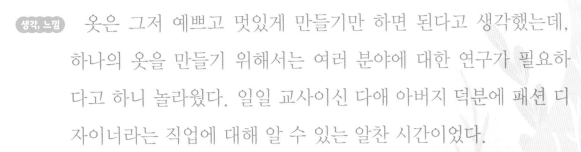

생각 모으기 학교에서 있었던 일 중에서 기억에 남는 일과 그때 든 생각을 정리해 보세요.

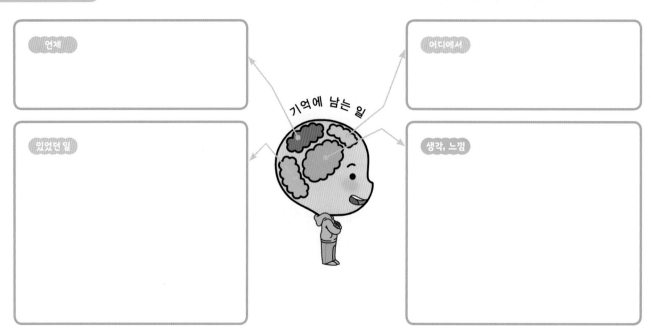

언제

어디에서

기억에 남는 일

있었던 일

생각, 느낌

생각 정리 생각나는 대로 쓴 것을 바탕으로 쓸 내용을 정리해 보세요.

언제

어디에서

있었던 일

생각, 느낌

학교생활을 하면서 기억에
남는 사람이나 사건 등을
떠올리고 있었던 일을 정리해 봐.

정리한 내용을 바탕으로 학교생활에 대한 생활문을 써 보세요.

특별한 수업이나 학교생활과
관련하여 있었던 일을
떠올려 쓰도록 해.

5회 생활문 형식으로 **일기 쓰기**

어떻게 쏠까요

🔖 생각 모으기 오늘 하루 겪었던 일 중에서 기억에 남는 일과 그때 어떤 생각을 했는지 정리해 봅니다.

☀️	☀️	🌙
• 아버지와 등산을 하러 가서 두 시간 동안 산에 오름. • 힘들었지만 산 정상에 오르니 상쾌하고 뿌듯함.	• 놀이터에 가서 친구들과 술래잡기 놀이를 함. • 술래가 되어 친구를 찾는 것이 재미있었음.	• 강한 태풍이 온다는 뉴스를 보고 창문에 테이프를 붙임. • 아무 피해 없이 태풍이 빨리 지나가길 바람.

> 날씨를 쏠 때에는 '흐림, 눈, 비, 맑음'으로 간단하게 표현하지 말고 자신만의 느낌을 살려 재미있게 써 봐.

🔖 생각 정리 오늘 하루 겪었던 일 중에서 기억에 남는 일 한 가지를 골라 정리해 봅니다.

날짜, 요일 20○○년 9월 5일 토요일

날씨
• 바람이 세차게 불던 날

겪은일
• 밤부터 비바람이 몰아친다는 일기 예보를 봄.
• 뉴스에서 태풍 피해 소식을 봄.
• 바람 때문에 창문이 심하게 흔들림.
• 엄마와 함께 창문에 테이프를 붙임.

생각, 느낌
• 바람 때문에 창문이 깨질까 봐 무서움.
• 아무 피해 없이 태풍이 빨리 지나가길 바람.

생활문과 일기는 모두 일상생활에서 있었던 일 가운데 기억에 남는 일, 중요한 일, 가치 있는 일 등을 솔직하게 쓴 글이에요.

🌸 흐리게 쓴 글자를 한번 따라 써 보면 글쓰기에 도움이 됩니다.

1 주차

1회
2회
3회
4회
5회

🖊 **글로 써 보기** 정리한 내용을 바탕으로 생활문 형식의 일기를 써 봅니다.

날짜, 요일 20○○년 9월 5일 토요일   **날씨** 바람이 세차게 불던 날

제목 태풍*아, 빨리 지나가라

겪은 일   저녁을 먹고 난 뒤 아버지께서 텔레비전을 켜셨다. 오늘 밤부터 중부 지방에 세찬 비바람이 몰아친다는* 뉴스를 전하고 있었다. 채널을 돌리니 마을 주민이 집 안으로 흙탕물이 들어와 가구며 옷들이 엉망진창이라는 인터뷰를 하고 있었다.

  그때 세찬 바람이 몰아치더니 우리 집 창문이 심하게 흔들렸다. 밖을 내다보니 바람 때문에 나뭇가지가 이리저리 흔들리고 있었다.

  "안 되겠다. 창문에 테이프를 붙이자."

  어머니께서는 창문에 테이프를 붙이면 유리창이 깨지는 것을 막을 수 있다고 하셨다. 나는 어머니를 도와 베란다 창문에 테이프를 붙였다.

생각, 느낌   바람에 창문이 흔들릴 때마다 창문이 깨질 것 같아 무서웠다.

  '태풍아, 제발 아무 피해도 주지 말고 빨리 지나가라.'

  나는 몇 번이고 마음속으로 빌었다.

* **태풍** 강한 비바람을 동반하는 열대성 저기압.
* **몰아친다는** 한꺼번에 몰려 닥친다는.

일기에는 반드시 날짜, 요일, 날씨가 들어가야 해. 내용에 알맞은 제목이 들어가면 훌륭한 일기가 완성되겠지?

생각 모으기 　오늘 하루 겪었던 일 중에서 기억에 남는 일과 그때 어떤 생각을 했는지 정리해 보세요.

날씨를 쓸 때에는 '흐림, 눈, 비, 맑음'으로
간단하게 표현하지 말고
자신만의 느낌을 살려 재미있게 써 봐.

생각 정리 　오늘 하루 겪었던 일 중에서 기억에 남는 일 한 가지를 골라 정리해 보세요.

날짜, 요일

날씨

겪은일

생각, 느낌

날짜, 요일

날씨

제목

일기에는 반드시
날짜, 요일, 날씨가 들어가야 해.
내용에 알맞은 제목이 들어가면
훌륭한 일기가 완성되겠지?

1 다음 글을 읽고, 생각이나 느낌을 표현한 부분에 밑줄을 그으세요.

> 강아지 한 마리가 신호등이 있는 횡단보도에 서 있었다.
>
> 차들이 쌩쌩 달려서 강아지가 위험해 보였다. 강아지가 빨간불에 횡단보도를 건너다 차에 치일까 봐 무척 걱정되었다.

> 대화 글을 쓸 때에는
> 줄을 바꿔서 쓰고, 앞뒤에는
> 큰따옴표나 작은따옴표를 붙여.

2 밑줄 그은 부분을 대화 글로 고쳐 써 보세요.

> 지난 금요일, 민지 생일 파티에 갔다.
>
> 그런데 평소에 깔끔하기로 소문난 지혜가 때가 잔뜩 낀 바지를 입고 있었다. 나는 지혜를 놀려 주고 싶어서 일부러 큰소리로 <u>지혜에게 옷이 왜 이렇게 더럽냐며 냄새날 것 같다고 말했다.</u>

----

3 글이 생생해지도록 빈칸에 들어갈 알맞은 흉내 내는 말을 써 보세요.

> 작년 여름, 수업을 마치고 집에 가려는데 비가 [   ] 쏟아졌다. 우산이 없어서 할 수 없이 비를 맞고 걸어가는데 한 아주머니께서 나를 불러 세우셨다.

(   )

미로 찾기

🐭 배고픈 생쥐가 맛있는 치즈를 먹으려면 미로를 통과해야 해요. 고양이를 피해 길을 찾아가 보세요.

힌트: 생활문을 쓰는 방법으로 알맞으면 ○, 알맞지 않으면 ×를 따라가 보세요.

자신이 생활하면서 겪은 일을 쓴다.

새로운 이야기를 재미 있게 꾸며서 쓴다.

하나의 사건에 대해 자세히 쓴다.

하루 동안 있었던 모든 일을 순서대로 쓴다.

출발

2주차

독서 감상문

여자아이는 지난달에 『플랜더스의 개』를 읽었지만 책의 내용을 잘 기억하지 못했어요. 그런데 남자아이는 **독서 감상문**을 쓴 덕분에 **책의 내용**을 잘 기억할 수 있었어요. 남자아이처럼 독서 감상문을 쓰면 내가 읽은 책의 내용과 그때 느낀 **감동**을 오래 간직할 수 있어요.

독서 감상문을 어떻게 쓰는지 알아보고 재미있게 읽은 책의 독서 감상문을 써 봐요.

내용 중심의 **독서 감상문 쓰기**

어떻게 쓸까요

생각 모으기 책을 읽고 난 뒤 내용 중심으로 인상 깊은 장면이나 느낌을 생각나는 대로 써 봅니다.

- 돌쇠가 황소를 데리고 집에 가는 길에 도깨비를 만남.

- 남을 도우면 보답을 받게 됨.

황소와 도깨비

- 돌쇠는 도깨비가 황소 배 속에서 살 수 있도록 허락함.

- 도깨비는 보답으로 황소의 힘을 백 배나 세게 해 줌.

> 책에서 기억에 남는 장면을 중심으로 일이 일어난 순서에 맞게 줄거리를 간략하게 정리하도록 해.

생각 정리 생각나는 대로 쓴 것을 바탕으로 독서 감상문의 짜임에 맞춰 쓸 내용을 정리해 봅니다.

제목 『황소와 도깨비』를 읽고

읽은 까닭
- 평소 도깨비 이야기를 좋아해서

생각, 느낌
- 아무런 조건 없이 도깨비를 도와준 돌쇠가 인상적임.
- 곤경에 처한 사람을 도와주는 사람들에게 돌쇠처럼 뜻밖의 행운이 찾아가면 좋겠음.

줄거리
① 돌쇠가 황소를 데리고 집에 가는 길에 도깨비를 만남.
② 도깨비가 황소 배 속에서 두 달만 살게 해 달라고 애원하자 돌쇠가 허락함.
③ 두 달 뒤 몸이 뚱뚱해진 도깨비는 황소가 크게 하품을 한 덕분에 밖으로 나옴.
④ 도깨비는 보답으로 황소의 힘을 백 배나 세게 해 줌.

책의 내용을 중심으로 독서 감상문을 쓸 때에는 이야기의 순서를 잘 생각하며, 주인공이 겪은 일이나 중요한 사건을 중심으로 써요.

❁흐리게 쓴 글자를 한번 따라 써 보면 글쓰기에 도움이 됩니다.

글로 써 보기 정리한 내용을 바탕으로 내용 중심의 독서 감상문을 써 봅니다.

제목 　　　　　　　　『황소와 도깨비』를 읽고

읽은 까닭 　평소 도깨비 이야기를 좋아해서 『황소와 도깨비』를 읽어 보았다.

줄거리 　나무 장사 돌쇠는 집으로 가는 길에 사냥개에 물려 상처가 난 새끼 도깨비를 만난다. 새끼 도깨비는 황소 배 속에서 두 달만 살면 상처가 다 나을 거라며 황소 배 속에 들어가게 해 달라고 애원하고, 착한 돌쇠는 아무 조건 없이 이를 허락한다. 두 달이 지나자 살이 포동포동 찐 도깨비가 황소의 목구멍을 빠져나오지 못하자 배가 터질 것처럼 불러 온 황소는 괴로워하며 날뛰기 시작한다. 돌쇠는 자식처럼 아끼는 황소가 죽을까 봐 애를 태우는데 황소가 입을 크게 벌리고 하품을 하는 사이 도깨비가 무사히 빠져나온다. 도깨비는 은혜를 갚겠다며 황소의 힘이 백 배나 세지게 해 주었다. 그리고 힘이 세진 황소 등에 나무를 많이 싣고 나가 팔게 된 돌쇠는 부자가 된다.

생각, 느낌

이 책을 읽으며 아무런 조건 없이 불쌍한 도깨비를 도와준 돌쇠가 행운을 얻게 된다는 내용이 인상적이었다. 우리 사회에도 다른 사람을 위해 묵묵히 도움의 손길을 내미는 사람들이 있다. 그 사람들에게도 돌쇠처럼 뜻밖의 행운이 찾아가면 좋겠다.

> 이야기의 내용이나 등장인물의 특징과 연관 지어 생각이나 느낀 점을 자세히 써 봐.

이렇게 써 봐요

🏷️ **생각 모으기** 책을 읽고 난 뒤 내용 중심으로 인상 깊은 장면이나 느낌을 생각나는 대로 써 보세요.

> 책에서 기억에 남는 장면을 중심으로 일이 일어난 순서에 맞게 줄거리를 간략하게 정리하도록 해.

🏷️ **생각 정리** 생각나는 대로 쓴 것을 바탕으로 독서 감상문의 짜임에 맞춰 쓸 내용을 정리해 보세요.

제목

읽은 까닭

줄거리

생각, 느낌

글로 써 보기 정리한 내용을 바탕으로 내용 중심의 독서 감상문을 써 보세요.

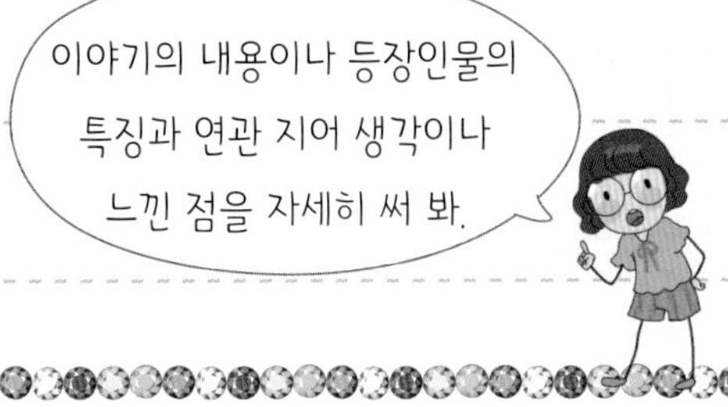
이야기의 내용이나 등장인물의
특징과 연관 지어 생각이나
느낀 점을 자세히 써 봐.

주인공 중심의 독서 감상문 쓰기

어떻게 쓸까요

생각 모으기 책을 읽고 난 뒤 주인공의 말이나 행동 중에서 인상 깊은 점을 생각나는 대로 써 봅니다.

- 주인공은 먹는 것보다 하늘을 나는 것에 관심이 많음.

- 갈매기 무리에서 쫓겨나서도 계속 비행 연습을 함.

갈매기의 꿈

- "항상 날 보고 배우기보다 이제 너 스스로 성장하라."
- "높이 나는 새가 되어라."

- 자신을 쫓아낸 갈매기 무리를 찾아가 비행 기술을 가르침.

> 읽은 책 중에서
> 주인공의 말이나 행동이 인상 깊어서
> 독서 감상문을 쓰고
> 싶은 책을 골라 봐.

생각 정리 생각나는 대로 쓴 것을 바탕으로 독서 감상문의 짜임에 맞춰 쓸 내용을 정리해 봅니다.

제목 『갈매기의 꿈』을 읽고

읽은 까닭
- 책 표지가 눈길을 끌어서

출거리
주인공의 인상 깊은 말이나 행동
- 더 높이, 더 잘 나는 데에만 관심이 있음.
- 갈매기 무리에서 쫓겨나서도 계속 비행 연습을 함.
- "항상 날 보고 배우기보다 이제 너 스스로 성장하라."
- "높이 나는 새가 되어라."

주인공의 특성
- 현실에 만족하지 않고 자신의 꿈을 이루기 위해 노력함.
- 한번 마음먹은 일은 어떤 어려움이 닥쳐도 포기하지 않음.

생각, 느낌
- 태권도에서 어려운 동작이 나오면 몇 번 연습하다 포기했던 것을 반성함.
- 꿈을 이루기 위해서는 쉽게 포기하지 말고 계속 노력해야 한다는 것을 깨달음.

🖊 주인공을 중심으로 독서 감상문을 쓸 때에는 주인공의 말과 행동을 통해 특성을 파악해요. 그런 다음 비슷한 상황에서 나는 어떠했는지를 비교해 보면 주인공에 대해 더 잘 이해할 수 있어요.

❀흐리게 쓴 글자를 한번 따라 써 보면 글쓰기에 도움이 됩니다.

[글로 써 보기] 정리한 내용을 바탕으로 주인공 중심의 독서 감상문을 써 봅니다.

[제목]   『갈매기의 꿈』을 읽고

[읽은 까닭] 도서관에서 이달의 추천 도서들을 찾아보다가 파란 하늘을 멋지게 날아오르는 갈매기가 그려진 『갈매기의 꿈』이 내 눈길을 끌었다.

[줄거리] 주인공 조나단은 다른 갈매기들이 먹이를 구하는 것에만 관심 있을 때 오로지 더 높이, 더 잘 나는 비행 기술을 익히는 데에만 관심이 있다. 평범하지 않다는 이유로 무리에서 쫓겨나서도 혼자 외롭게 비행 연습을 하고, 마침내 마음먹은 곳이면 언제 어디든 날 수 있는 비행 기술을 갖게 된다. 고향으로 돌아가 제자들을 가르치며 "항상 날 보고 배우기보다 이제 너 스스로 성장하라.", "높이 나는 새가 되어라."라는 말을 남기고 빛과 함께 사라진다.

조나단은 현실에 만족하지 않고 자신의 꿈을 이루기 위해 끊임없이 노력했다. 한번 마음먹은 일은 어떤 어려움이 닥쳐도 포기하지 않고 끝까지 해내고야 마는 의지를 가졌다.

[생각, 느낌] 나도 태권도 선수가 되고 싶은 꿈이 있다. 그런데 어려운 동작이 나오면 몇 번 연습하다가 금세 포기하고 만다. 하지만 조나단을 보면서 꿈을 이루기 위해서는 쉽게 포기하지 말고 계속 노력해야 한다는 것을 다시 한번 깨달았다.

> 주인공을 통해 깨달은 점이나 주인공의 말과 행동에서 배울 점 등을 써 봐.

이렇게 써 봐요

생각 모으기 책을 읽고 난 뒤 주인공의 말이나 행동 중에서 인상 깊은 점을 생각나는 대로 써 보세요.

읽은 책 중에서
주인공의 말이나 행동이 인상 깊어서
독서 감상문을 쓰고
싶은 책을 골라 봐.

생각 정리 생각나는 대로 쓴 것을 바탕으로 독서 감상문의 짜임에 맞춰 쓸 내용을 정리해 보세요.

제목

읽은 까닭

줄거리

주인공의 인상 깊은 말이나 행동

생각, 느낌

주인공의 특성

주인공을 통해 깨달은
점이나 주인공의 말과 행동에서
배울 점 등을 써 봐.

위인 중심의 **독서 감상문 쓰기**

어떻게 쓸까요

🏷 **생각 모으기** 책을 읽고 난 뒤 위인의 말이나 행동 중에서 인상 깊은 점을 생각나는 대로 써 봅니다.

• 어렸을 적 열병을 앓아 보지도 듣지도 말하지도 못함.

헬렌 켈러

• 장애를 극복하고 자신처럼 몸이 불편한 사람들을 도움.

• 설리번 선생님을 만나 교육을 받음.

• "그 불가능은 극복되었습니다."라는 말로 장애인들에게 희망을 줌.

> 인물이 어떤 어려움을 겪었는지, 그것을 어떻게 참고 이겨 냈는지, 업적은 무엇인지 등을 써 봐.

🏷 **생각 정리** 생각나는 대로 쓴 것을 바탕으로 독서 감상문의 짜임에 맞춰 쓸 내용을 정리해 봅니다.

제목 『헬렌 켈러』를 읽고

읽은 까닭

• 이모가 읽어 보라고 권하셔서

생각, 느낌

• "그 불가능은 극복되었습니다."라는 헬렌 켈러의 말이 기억에 남음.
• 항상 남보다 못하다는 생각에 사로잡혀 불평과 불만만 늘어놓던 나를 반성함.
• 당당하고 멋진 모습으로 성장하도록 노력하겠음.

줄거리

위인이 자라면서 겪은 일이나 훌륭한 점

• 태어난 지 19개월 때 심한 열병을 앓아 보지도 듣지도 말하지도 못하게 됨.
• 7살 때 설리번 선생님을 만나 교육을 받고 하버드 대학에 입학함.
• 전 세계를 돌아다니며 몸이 불편한 사람들을 위해 헌신함.

위인을 중심으로 독서 감상문을 쓸 때에는 위인의 성장 과정, 훌륭한 점, 업적, 본받고 싶은 점 등을 중심으로 써요.

🌸 흐리게 쓴 글자를 한번 따라 써 보면 글쓰기에 도움이 됩니다.

글로 써 보기 정리한 내용을 바탕으로 위인 중심의 독서 감상문을 써 봅니다.

제목 　　　　　　　　　『헬렌 켈러』를 읽고

읽은 까닭　　얼마 전 사회 복지사로 일하시는 이모가 읽어 보라며 책 한 권을 주셨다. 장애를 극복하고 전 세계 장애인들에게 희망을 준 헬렌 켈러 이야기였다.

줄거리　　헬렌 켈러는 태어난 지 19개월 때 심한 열병을 앓아 보지도 듣지도 말하지도 못하는 장애를 갖게 된다. 아장아장 걷는 아기 때부터 암흑 속에서 살게 된 것이다. 다행히 7살 때 설리번 선생님을 만나 읽고 쓰고 말하는 법을 배워 하버드 대학에 입학한다. 그 뒤 헬렌 켈러는 전 세계를 돌아다니며 몸이 불편한 사람들을 위해 평생을 바친다.

생각, 느낌　　나는 사람들이 불가능하다고 고개를 저을 때마다 헬렌 켈러가 "그 불가능은 극복되었습니다."라고 말한 것이 가장 기억에 남는다. 나는 항상 자신감이 부족하고 남보다 못하다는 생각에 사로잡혀 불평과 불만을 늘어놓기만 했다. 헬렌 켈러는 장애를 부끄러워하지 않았고, 언제 어디서든 당당했으며 오히려 남을 돕기까지 했다. 앞으로는 나도 남보다 못하다는 생각에서 벗어나 당당하고 멋진 모습으로 성장하도록 노력해야겠다.

위인에게 배우고 싶은 점이나 깨달은 점 또는 위인을 통해 내 생각이 어떻게 변화했는지를 쓰도록 해.

이렇게 써 봐요

생각 모으기 책을 읽고 난 뒤 위인의 말이나 행동 중에서 인상 깊은 점을 생각나는 대로 써 보세요.

> 인물이 어떤 어려움을 겪었는지, 그것을 어떻게 참고 이겨 냈는지, 업적은 무엇인지 등을 써 봐.

생각 정리 생각나는 대로 쓴 것을 바탕으로 독서 감상문의 짜임에 맞춰 쓸 내용을 정리해 보세요.

제목

읽은 까닭

줄거리

위인이 자라면서 겪은 일이나 훌륭한 점

생각, 느낌

2
주차
1회
2회
3회
4회
5회

위인에게 배우고 싶은 점이나 깨달은 점 또는 위인을 통해 내 생각이 어떻게 변화했는지를 쓰도록 해.

편지 형식의 **독서 감상문 쓰기**

어떻게 쓸까요

생각 모으기 책의 주인공이나 등장인물이 한 일과 하고 싶은 말을 생각나는 대로 써 봅니다.

- 고마운 마음

- 어린이날을 만듦.

방정환

- 외국 동화를 우리말로 번역하여 들려줌.

- 어린이날이 정말 기다려짐.

생각 정리 생각나는 대로 쓴 것을 바탕으로 편지 형식에 맞춰 쓸 내용을 정리해 봅니다.

첫인사에는 자신을 소개하는 글을 써야 해.

받을 사람
방정환 아저씨

첫인사
- 해님 초등학교에 다니는 이희준임.
- 책 『어린이를 사랑한 방정환』을 읽고 방정환 아저씨에 대해 알게 됨.

전하고 싶은 말
- 어린이날을 만들어 주셔서 감사함.
- '어린이'라는 말을 처음으로 만드셨다는 것을 알게 됨.
- 외국 동화를 우리말로 번역하셨다는 것을 알게 됨.
- 어린이를 사랑하는 어른이 많아지면 좋겠음.

끝인사
- 아저씨의 바람대로 밝고 건강한 어린이로 자라도록 노력하겠음.

쓴 날짜
20○○년 4월 20일

쓴 사람
이희준 올림

편지 형식의 독서 감상문을 쓸 때에는 먼저 주인공이나 등장인물 중 한 사람을 고르고, 그 사람에게 하고 싶은 말을 편지 형식에 맞게 써요.

🌸 흐리게 쓴 글자를 한번 따라 써 보면 글쓰기에 도움이 됩니다.

글로 써 보기 정리한 내용을 바탕으로 편지 형식의 독서 감상문을 써 봅니다.

받을 사람

방정환 아저씨께

첫인사 아저씨, 안녕하세요? 저는 해님 초등학교에 다니는 이희준입니다. 『어린이를 사랑한 방정환』이라는 책을 읽고 아저씨에 대해 알게 되었어요.

전하고 싶은 말 아저씨, 어린이날을 만들어 주셔서 정말 고맙습니다. 저는 어린이날을 제일 좋아해요. 아빠, 엄마는 회사에 다니시느라 항상 바쁘신데 어린이날에는 하루 종일 저와 놀아 주시기 때문이에요. 아저씨는 아이들을 함부로 대하던 시절에 아이들을 존중하자는* 뜻으로 '어린이'라는 말도 만드셨죠? 또, 아이들을 위해 외국 동화를 우리말로 번역하여* 들려주셨다는 것도 알았어요. 아저씨처럼 우리 어린이를 사랑해 주는 어른이 많아지면 좋겠어요.

끝인사 아저씨, 저도 아저씨의 바람대로 밝고 건강한 어린이로 자라도록 노력할게요. 항상 지켜봐 주세요. 그럼 안녕히 계세요.

쓴 날짜 20○○년 4월 20일

쓴 사람 이희준 올림

> 웃어른께는 높임말을 써야 해. 꼭 주인공이 아니더라도 인상 깊은 인물에게 편지를 써도 좋아.

* **존중하자는** 높이어 귀하게 대하자는.
* **번역하여** 어떤 언어로 된 글을 다른 언어의 글로 옮겨.

생각 모으기 책의 주인공이나 등장인물이 한 일과 하고 싶은 말을 생각나는 대로 써 보세요.

첫인사에는 자신을 소개하는 글을 써야 해.

생각 정리 생각나는 대로 쓴 것을 바탕으로 편지 형식에 맞춰 쓸 내용을 정리해 보세요.

받을 사람

첫인사

전하고 싶은 말

끝인사

쓴 날짜

쓴 사람

정리한 내용을 바탕으로 편지 형식으로 독서 감상문을 써 보세요.

웃어른께는 높임말을 써야 해.
꼭 주인공이 아니더라도
인상 깊은 인물에게 편지를 써도 좋아.

독서 감상문 형식으로 일기 쓰기

어떻게 쓸까요

생각 모으기 책을 읽고 난 뒤 인상 깊은 장면이나 느낌을 써 봅니다.

- 잡초는 생명력이 강함.

- 잡초를 약으로 쓰기도 함.

잡초의 세계

- 동물이나 곤충에게는 잡초가 꼭 필요함.

- 세상에 쓸모없는 건 없다는 것을 느낌.

> 날씨를 쓸 때에는
> 날씨가 잘 드러나도록 재미있고
> 자세하게 써 봐!

생각 정리 생각나는 대로 쓴 것을 바탕으로 독서 감상문의 짜임에 맞춰 쓸 내용을 정리해 봅니다.

날짜, 요일 20○○년 6월 18일 화요일

날씨 • 해가 구름 속으로 숨음.

읽은 까닭 • 아버지께서 추천해 주심.

줄거리 • 잡초는 환경에 맞게 진화하여 생명력이 강함.

• 잡초는 동물이나 곤충의 먹이가 됨.

• 약으로 쓰이는 잡초도 있음.

생각, 느낌 • 세상에 쓸모없는 건 없으며, 다 각자의 역할이 있다는 것을 알게 됨.

• 잡초에 대해 더 알고 싶음.

📎 독서 감상문 형식으로 일기를 쓸 때에는 먼저 독서 감상문을 쓴 날짜와 그날의 날씨, 일기의 제목을 쓰고 책을 읽은 까닭, 책의 내용, 책을 읽고 난 뒤의 생각이나 느낌을 써요.

🌸 흐리게 쓴 글자를 한번 따라 써 보면 글쓰기에 도움이 됩니다.

2
주차
1회
2회
3회
4회
5회

✏️ 글로 써 보기 │ 정리한 내용을 바탕으로 독서 감상문 형식으로 일기를 써 봅니다.

| 날짜, 요일 | 20〇〇년 6월 18일 화요일 | 날씨 | 해가 구름 속으로 숨음. |

제목 │ 『잡초의 세계』를 읽고

읽은 까닭 │ 아버지께서 추천해 주신 『잡초의 세계』를 읽었다.

줄거리 │ 잡초를 뽑아도 계속 나는 것은 잡초가 환경에 맞게 진화하여* 생명력이 강하기 때문이다. 우리에게는 쓸모없어 보이지만 잡초는 동물이나 곤충의 먹이가 되기 때문에 없어서는 안 된다. 또 옛날부터 지금까지 약으로 쓰이는 잡초도 있다고 한다.

생각, 느낌 │ 이 책을 읽으며 잡초가 힘든 자연환경에서 살아남기 위해 필사적인* 노력을 해 왔다는 것이 놀라웠다. 또 하찮고 쓸모없어 보이지만 다 각자의 역할이 있다는 것을 알았다. 이 책에 나온 것 말고 또 어떤 잡초들이 있을지 궁금하다. 주말에는 도서관에 가서 잡초에 대한 책을 더 찾아봐야겠다.

책을 읽고 난 뒤에는
새로 알게 된 점, 책을 읽고 느낀 점,
더 알고 싶은 점 등을 써 봐.

* **진화하여** 일이나 사물 따위가 점점 발달하여 가서.
* **필사적인** 죽을힘을 다한.

🏷️ **생각 모으기** 책을 읽고 난 뒤 인상 깊은 장면이나 느낌을 써 보세요.

> 날씨를 쓸 때에는
> 날씨가 잘 드러나도록 재미있고
> 자세하게 써 봐!

🏷️ **생각 정리** 생각나는 대로 쓴 것을 바탕으로 독서 감상문의 짜임에 맞춰 쓸 내용을 정리해 보세요.

날짜, 요일	
날씨	
읽은 까닭	
줄거리	
생각, 느낌	

🖊️ **글로 써 보기** 정리한 내용을 바탕으로 독서 감상문 형식으로 일기를 써 보세요.

날짜, 요일		날씨	
제목			

책을 읽고 난 뒤에는 새로 알게 된 점, 책을 읽고 느낀 점, 더 알고 싶은 점 등을 써 봐.

2주차

1회 2회 3회 4회 5회

1 글 ㉮~㉰ 중에서 책을 읽게 된 까닭이 나타난 부분을 찾아 기호를 쓰세요.

> ㉮ 평소 도깨비 이야기를 좋아해서 『황소와 도깨비』를 읽어 보았다.
>
> ㉯ 돌쇠는 집으로 가는 길에 사냥개에 물려 상처가 난 새끼 도깨비를 만난다. 새끼 도깨비는 황소 배 속에서 두 달만 살면 상처가 다 날 거라며 황소 배 속에 들어가게 해 달라고 애원하고, 착한 돌쇠는 아무 조건 없이 이를 허락한다.
>
> ㉰ 이 책을 읽으며 아무런 조건 없이 불쌍한 도깨비를 도와준 돌쇠가 행운을 얻게 된다는 내용이 인상적이었다. 우리 사회에도 다른 사람을 위해 묵묵히 도움의 손길을 내미는 사람들이 있다. 그 사람들에게도 돌쇠처럼 뜻밖의 행운이 찾아가면 좋겠다.

글 (   )

2 글 ㉮~㉰를 독서 감상문을 쓰는 순서에 맞게 기호를 쓰세요.

㉮	㉯	㉰
나도 태권도 선수가 되고 싶은 꿈이 있다. 그런데 어려운 동작이 나오면 몇 번 연습하다가 금세 포기하고 만다. 하지만 조나단을 보면서 꿈을 이루기 위해서는 쉽게 포기하지 말고 계속 노력해야 한다는 것을 다시 한번 깨달았다.	도서관에서 이달의 추천 도서들을 찾아보다가 파란 하늘을 멋지게 날아오르는 갈매기가 그려진 『갈매기의 꿈』이 내 눈길을 끌었다.	주인공 조나단은 다른 갈매기들이 먹이를 구하는 것에만 관심있을 때 오로지 더 높이, 더 잘 나는 비행 기술을 익히는 데에만 관심이 있다.

글 (   ) ⟹ 글 (   ) ⟹ 글 (   )

틀린 그림
찾기

독서 감상문을 쓰는 방법에 대해 알맞게 말을 하는 아이에 ○표 하고,
두 그림에서 틀린 그림 찾기를 해 보세요.

힌트: 두 그림에는 옳은 말을 하고 있는 사람 수만큼 틀린 그림이 있습니다.

3주차

설명문

아이들이 철쭉의 특징을 몰라서 어느 것이 철쭉이고 어느 것이 진달래인지 헷갈려 하고 있어요. 철쭉에 대해 **설명하는** 글을 읽었다면 철쭉의 생김새를 쉽게 알 수 있었을 텐데 말이에요. '설명문'은 어떤 **지식이나 정보를 이해하기 쉽도록 풀어서 쓴** 글이에요. 읽는 사람이 이해하기 쉽도록 하려면 설명문을 어떻게 써야 하는지 알아보고 설명문을 써 봐요.

사실 중심의 **설명문 쓰기 1**

어떻게 쓸까요

생각 모으기 동물이나 식물 중 설명하고 싶은 것을 정해서 생각나는 대로 써 봅니다.

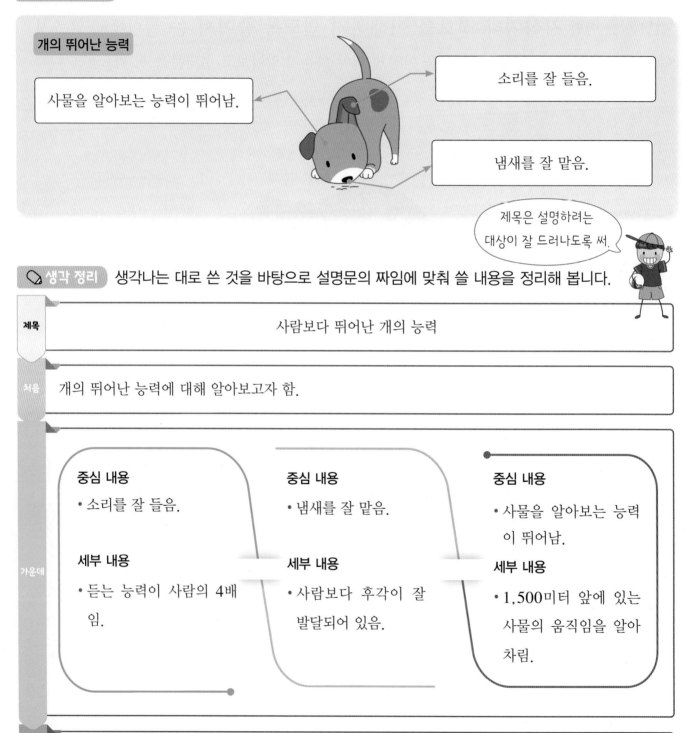

개의 뛰어난 능력

사물을 알아보는 능력이 뛰어남.

소리를 잘 들음.

냄새를 잘 맡음.

제목은 설명하려는 대상이 잘 드러나도록 써.

생각 정리 생각나는 대로 쓴 것을 바탕으로 설명문의 짜임에 맞춰 쓸 내용을 정리해 봅니다.

제목 사람보다 뛰어난 개의 능력

처음 개의 뛰어난 능력에 대해 알아보고자 함.

가운데

중심 내용
• 소리를 잘 들음.

세부 내용
• 듣는 능력이 사람의 4배임.

중심 내용
• 냄새를 잘 맡음.

세부 내용
• 사람보다 후각이 잘 발달되어 있음.

중심 내용
• 사물을 알아보는 능력이 뛰어남.

세부 내용
• 1,500미터 앞에 있는 사물의 움직임을 알아차림.

끝 개는 사람보다 소리를 듣는 능력, 냄새를 맡는 능력, 사물을 알아보는 능력이 뛰어남.

설명문은 설명하려는 대상에 대해 이해하기 쉽도록 알기 쉽고 자세하게 쓴 글이에요. 설명문은 사실을 바탕으로 써야 하며, 글쓴이의 생각이나 의견, 주장 등이 들어가면 안 돼요.

3 주차
1회
2회
3회
4회
5회

🌸흐리게 쓴 글자를 한번 따라 써 보면 글쓰기에 도움이 됩니다.

🏷️ **글로 써 보기** 정리한 내용을 바탕으로 사실 중심의 설명문을 써 봅니다.

사람보다 뛰어난 개의 능력

처음 인간과 친한 동물 중 으뜸은 개입니다. 개는 사람보다 뛰어난 능력이 있습니다. 어떤 것들이 있을까요?

가운데 개는 소리를 잘 듣습니다. 듣는 능력이 사람의 4배나 되고, 소리가 나는 방향으로 귀를 움직일 수 있어서 작은 소리도 금방 알아듣습니다. 사람이 10미터 떨어진 곳에서 겨우 알아듣는 소리를 개는 40미터 떨어진 곳에서도 들을 수 있습니다.

개는 냄새를 잘 맡습니다. 사람보다 후각*이 잘 발달되어서 한번 맡은 냄새를 잘 기억합니다. 뛰어난 후각으로 사냥감을 쫓고, 자기 새끼를 쉽게 찾을 수 있습니다.

개는 사물을 알아보는 능력이 뛰어납니다. 무려 1,500미터 앞에 있는 사물의 움직임을 알아차릴 수 있습니다.

끝 이처럼 개는 사람보다 소리를 듣는 능력, 냄새를 맡는 능력, 사물을 알아보는 능력이 뛰어납니다.

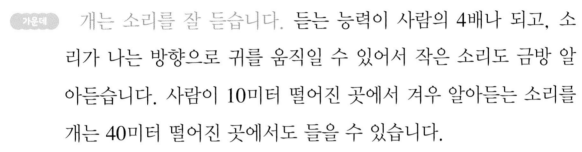

* **후각** 냄새를 맡는 감각.

가운데 부분을 쓸 때에는 각 문단을 잘 구분해서 써야 해. 먼저 중심 내용을 쓴 다음, 중심 내용을 뒷받침하는 세부 내용을 쓰는 거야.

🏷️ **생각 모으기** 동물이나 식물 중 설명하고 싶은 것을 정해서 생각나는 대로 써 보세요.

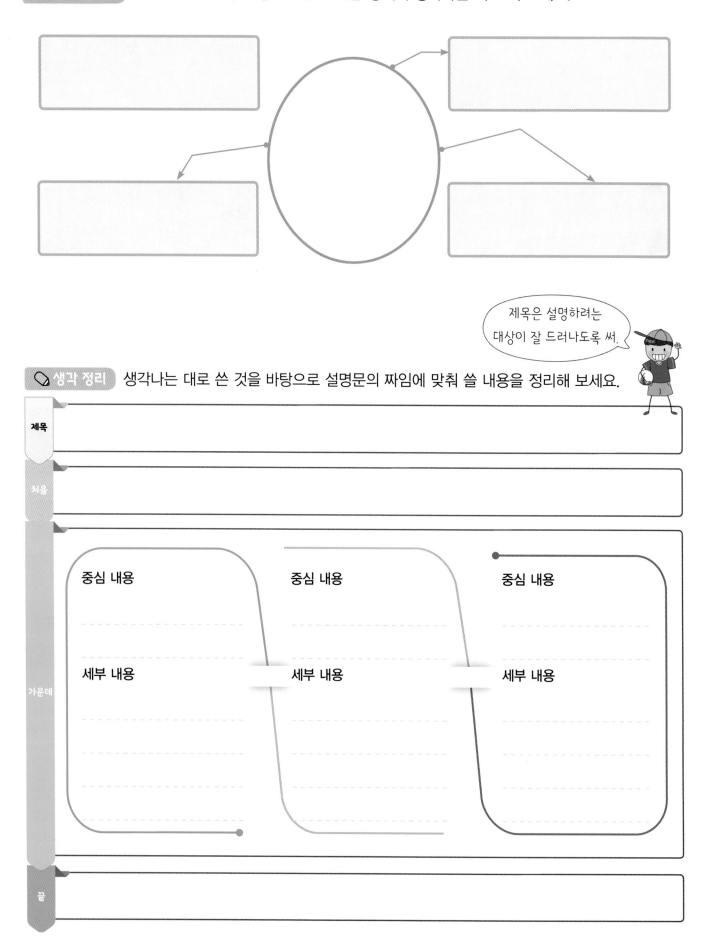

제목은 설명하려는 대상이 잘 드러나도록 써.

🏷️ **생각 정리** 생각나는 대로 쓴 것을 바탕으로 설명문의 짜임에 맞춰 쓸 내용을 정리해 보세요.

제목

처음

가운데

중심 내용　　　　　중심 내용　　　　　중심 내용

세부 내용　　　　세부 내용　　　　세부 내용

끝

정리한 내용을 바탕으로 사실 중심의 설명문을 써 보세요.

가운데 부분을
쓸 때에는 각 문단을 잘 구분해서
써야 해. 먼저 중심 내용을 쓴 다음,
중심 내용을 뒷받침하는
세부 내용을 쓰는 거야.

사실 중심의 **설명문 쓰기 2**

어떻게 쓸까요

생각 모으기 우리 지역에 대해 설명하고 싶은 것을 정해서 생각나는 대로 써 봅니다.

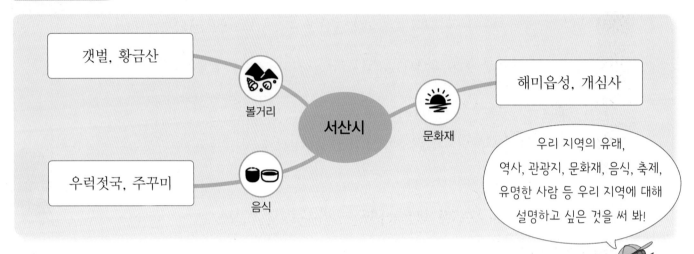

갯벌, 황금산

볼거리

서산시

문화재

해미읍성, 개심사

우럭젓국, 주꾸미

음식

우리 지역의 유래, 역사, 관광지, 문화재, 음식, 축제, 유명한 사람 등 우리 지역에 대해 설명하고 싶은 것을 써 봐!

생각 정리 생각나는 대로 쓴 것을 바탕으로 설명문의 짜임에 맞춰 쓸 내용을 정리해 봅니다.

제목	아름다운 서산시

처음	서산시에 대해 알리고자 함.

가운데

중심 내용
• 볼거리가 많음.

세부 내용
• 드넓은 갯벌은 서산시의 자랑임.
• 황금산은 몽돌해변과 코끼리바위가 유명함.

중심 내용
• 역사책에서 볼 수 있는 문화재가 많음.

세부 내용
• 해미읍성은 성곽이 잘 보존되어 있고, 조선 후기에 천주교 신자들이 순교한 곳임.
• 개심사는 백제 때 지어진 절임.

끝	서산시에는 독특한 볼거리와 문화재가 많음.

사실 중심의 설명문을 쓸 때에는 대상에 대해 꼭 알려 주고 싶은 것을 써요. 누구나 아는 사실보다는 읽는 사람이 모르는 내용이나 호기심을 가질 만한 내용을 쓰는 것이 좋아요.

🌼흐리게 쓴 글자를 한번 따라 써 보면 글쓰기에 도움이 됩니다.

✏️ **글로 써 보기** 정리한 내용을 바탕으로 사실 중심의 설명문을 써 봅니다.

아름다운 서산시

처음 충청남도 서북부 태안반도*에 위치한 서산시에 대해 알아볼까요?

가운데 서산시에는 볼거리가 많습니다. 드넓은 갯벌은 서산시의 자랑입니다. 끝없이 펼쳐진 갯벌에서 바지락 체험 등을 할 수 있습니다. 몽돌해변과 코끼리바위가 유명한 황금산은 작고 나지막한 산으로, 바다 한가운데 우뚝 솟아 있어 마치 섬처럼 보입니다.

서산시에는 역사책에서 볼 수 있는 문화재가 많습니다. 특히 해미읍성은 조선 시대 읍성* 중 성곽이 가장 잘 보존되어 있고, 조선 후기에 천주교 신자들이 순교한* 곳으로 유명합니다. 백제 때 지어진 개심사는 '마음을 여는 절'이라는 뜻으로, 사계절 내내 아름다운 경관을 자랑합니다.

끝 이처럼 서산시에는 다른 곳에서 볼 수 없는 독특한 볼거리와 역사적 가치가 있는 문화재가 많습니다.

* **반도** 삼면이 바다로 둘러싸이고 한 면은 육지에 연결된 땅.
* **읍성** 한 도시 전체에 성벽을 쌓아 두른 성.
* **순교한** 종교를 가진 사람이 자기의 신앙을 지키기 위해 목숨을 바친.

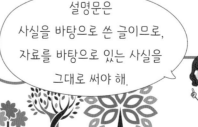

설명문은 사실을 바탕으로 쓴 글이므로, 자료를 바탕으로 있는 사실을 그대로 써야 해.

◯ 생각 모으기 우리 지역에 대해 설명하고 싶은 것을 정해서 생각나는 대로 써 보세요.

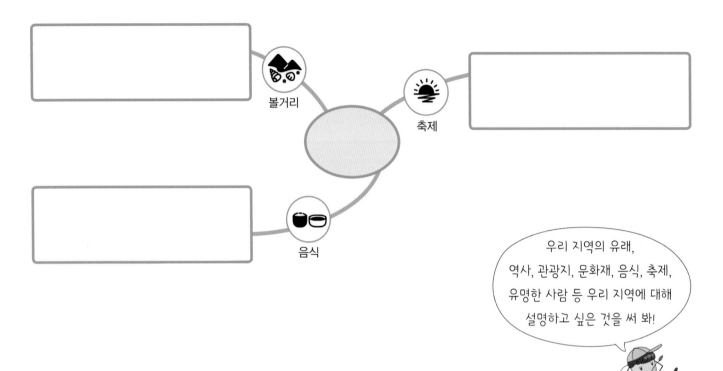

볼거리

축제

음식

> 우리 지역의 유래,
> 역사, 관광지, 문화재, 음식, 축제,
> 유명한 사람 등 우리 지역에 대해
> 설명하고 싶은 것을 써 봐!

◯ 생각 정리 생각나는 대로 쓴 것을 바탕으로 설명문의 짜임에 맞춰 쓸 내용을 정리해 보세요.

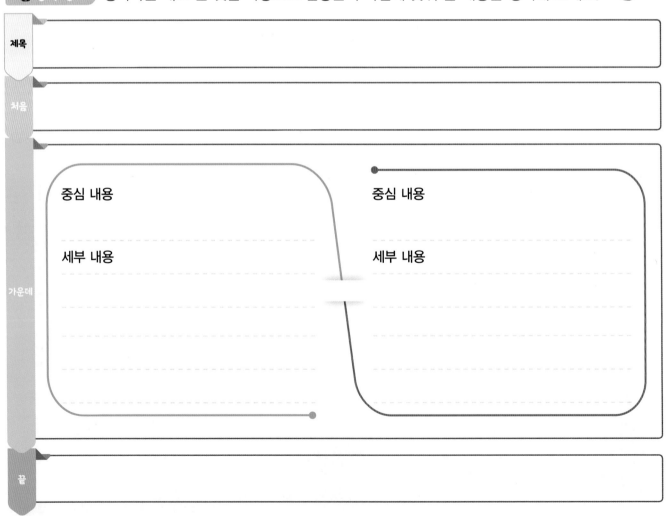

제목

처음

가운데

중심 내용

세부 내용

중심 내용

세부 내용

끝

설명문은
사실을 바탕으로 쓴 글이므로,
자료를 바탕으로 있는 사실을
그대로 써야 해.

순서를 알려 주는 **설명문 쓰기**

어떻게 쓸까요

생각 모으기 순서를 알려 주고 싶은 것을 정해서 생각나는 대로 써 봅니다.

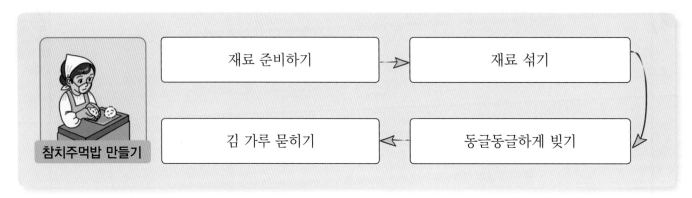

참치주먹밥 만들기

| 재료 준비하기 | 재료 섞기 |

| 김 가루 묻히기 | 동글동글하게 빚기 |

일의 순서를 몇 부분으로 나누어 가장 먼저 할 일과 나중에 할 일을 정해 봐.

생각 정리 생각나는 대로 쓴 것을 바탕으로 설명문의 짜임에 맞춰 쓸 내용을 정리해 봅니다.

제목	참치주먹밥 만들기

처음	참치주먹밥을 맛있게 만드는 방법을 따라 해 보기 바람.

가운데

❶ 밥, 참치, 마요네즈, 김 가루, 깨 등을 준비함.
　 참치는 체에 밭쳐서 기름을 빼 줌.

❷ 밥에 참치, 마요네즈, 깨를 넣고 골고루 섞음.
　 꾹꾹 눌러서 섞지 말고 살살 섞음.

❸ 재료를 섞은 밥을 조금 떼어 손으로 꾹꾹 뭉친 다음 동글동글하게 빚음.

❹ 김 가루가 담긴 접시에 굴려 김 가루를 골고루 묻힘.

끝	저녁에 참치주먹밥을 만들어 온 가족이 먹기를 바람.

일의 순서를 알려 주는 설명문은 떡볶이를 만드는 방법, 책을 빌리는 방법, 장난감 조립 방법과 같이 먼저 할 일과 나중에 할 일을 차례대로 알려 주는 글이에요.

🌸흐리게 쓴 글자를 한번 따라 써 보면 글쓰기에 도움이 됩니다.

글로 써 보기 정리한 내용을 바탕으로 순서를 알려 주는 설명문을 써 봅니다.

참치주먹밥 만들기

처음 바쁘신 부모님을 위해 맛있는 음식을 만들어 보기로 해요. 참치 주먹밥을 맛있게 만드는 방법을 잘 따라 해 보세요.

가운데 먼저, 밥, 참치, 마요네즈, 김 가루, 깨 등을 준비합니다. 이때 참치는 체에 밭쳐서* 기름을 쏙 빼 줍니다.

다음으로, 밥에 참치, 마요네즈, 깨를 넣고 골고루 섞습니다. 만 약 좋아하는 다른 재료가 있다면 재료를 섞을 때 넣으면 됩니다. 너무 꾹꾹 눌러서 섞으면 밥알이 뭉개질* 수 있으니 살살 섞습니다.

그리고, 재료를 잘 섞은 밥을 조금 떼어 손으로 꾹꾹 뭉친 다음 동글동글하게 빚습니다.

마지막으로, 김 가루가 담긴 접시에 굴려 김 가루를 골고루 묻 혀 예쁜 그릇에 담습니다.

끝 어때요? 참치주먹밥 만들기 참 쉽지요? 오늘 저녁에는 맛있는 참치주먹밥을 만들어 온 가족이 함께 드셔 보세요.

* **밭쳐서** 구멍이 뚫린 물건 위에 국수나 야채 따위를 올려 물기를 빼서.
* **뭉개질** 문질러서 으깨질.

일의 순서를 알려 줄 때에는 순서대로 차근차근 써야 해. 순서를 바꾸어 설명하면 읽는 사람이 잘못 이해할 수 있거든.

생각 모으기 순서를 알려 주고 싶은 것을 정해서 생각나는 대로 써 보세요.

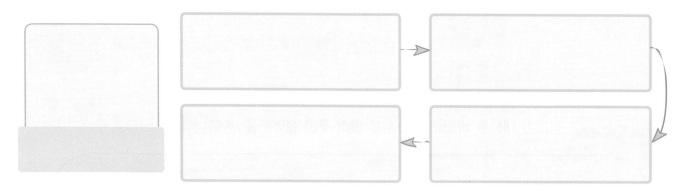

일의 순서를 몇 부분으로
나누어 가장 먼저 할 일과
나중에 할 일을 정해 봐.

생각 정리 생각나는 대로 쓴 것을 바탕으로 설명문의 짜임에 맞춰 쓸 내용을 정리해 보세요.

제목	
처음	
가운데	
끝	

글로 써 보기 정리한 내용을 바탕으로 순서를 알려 주는 설명문을 써 보세요.

> 일의 순서를 알려 줄 때에는
> 순서대로 차근차근 써야 해.
> 순서를 바꾸어 설명하면 읽는
> 사람이 잘못 이해할 수 있거든.

방법을 알려 주는 **설명문 쓰기**

어떻게 쓸까요

생각 모으기 방법을 알려 주고 싶은 것을 정해서 생각나는 대로 써 봅니다.

| 사람과 거리 두기 | | 수돗물 사용하기 |

가습기 사용법

환기하기

> 설명하는 대상에 대해
> 꼭 알아야 할 점이나 주의할 점을 써.
> 그렇게 해야 하는 까닭을 함께 쓰면
> 읽는 사람이 더 잘 이해할
> 수 있겠지?

생각 정리 생각나는 대로 쓴 것을 바탕으로 설명문의 짜임에 맞춰 쓸 내용을 정리해 봅니다.

제목
가습기 사용법

처음
가습기를 잘못 사용하면 오히려 건강을 해칠 수 있음.

가운데

중심 내용
• 얼굴에서 최소 2미터 떨어진 곳에 두기

세부 내용
• 사람과 가까우면 코와 목에 나쁜 영향을 줄 수 있음.

중심 내용
• 정수기 물이 아닌 수돗물 사용하기

세부 내용
• 수돗물에는 세균을 죽이는 약 처리가 되어 있음.

중심 내용
• 하루에 두세 번 환기하기

세부 내용
• 집 안에 습기가 차면 곰팡이가 생길 수 있음.

끝
가습기의 올바른 사용법을 잘 알고 실천하여 건강한 생활을 하기 바람.

일의 방법을 알려 주는 설명문은 물건의 사용 방법, 전기 절약 방법 등과 같이 일의 순서와 관계없이 꼭 알아야 할 점이나 주의할 점 등을 설명하는 글이에요.

❋ 흐리게 쓴 글자를 한번 따라 써 보면 글쓰기에 도움이 됩니다.

🖋️ 글로 써 보기 정리한 내용을 바탕으로 방법을 알려 주는 설명문을 써 봅니다.

가습기 사용법

처음 겨울철에는 가습기를 틀어 집 안의 습도*를 알맞게 유지하면 건강에 도움을 주지만 잘못 사용하면 오히려 건강을 해칠 수 있습니다. 가습기의 올바른 사용법은 무엇인지 알아봅시다.

가운데 첫째, 가습기는 얼굴에서 최소 2미터 이상 떨어진 곳에 둡니다. 사람과 너무 가까우면 코와 목에 나쁜 영향을 줄 수 있습니다.

둘째, 정수기 물이 아닌 수돗물을 사용합니다. 수돗물에는 세균을 죽이는 약 처리가 되어 있지만 정수기 물은 그렇지 못합니다.

셋째, 하루에 두세 번 창문을 열어 실내 환기*를 시킵니다. 가습기에서 나온 수증기가 공기 중에 떠다니면 집 안에 습기가 차서 곰팡이가 생길 수 있기 때문입니다.

끝 이와 같이 가습기의 올바른 사용법을 잘 알고 실천하여 건강한 생활을 하기 바랍니다.

* **습도** 공기 가운데 수증기가 들어 있는 정도.
* **환기** 탁한 공기를 맑은 공기로 바꿈.

읽는 사람이 이해하기 쉽도록 쉬운 낱말을 사용하고, 문장은 길지 않게 쓰도록 해.

생각 모으기 방법을 알려 주고 싶은 것을 정해서 생각나는 대로 써 보세요.

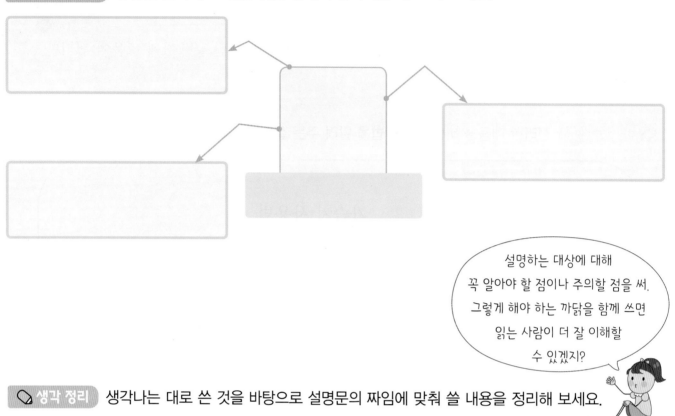

설명하는 대상에 대해
꼭 알아야 할 점이나 주의할 점을 써.
그렇게 해야 하는 까닭을 함께 쓰면
읽는 사람이 더 잘 이해할
수 있겠지?

생각 정리 생각나는 대로 쓴 것을 바탕으로 설명문의 짜임에 맞춰 쓸 내용을 정리해 보세요.

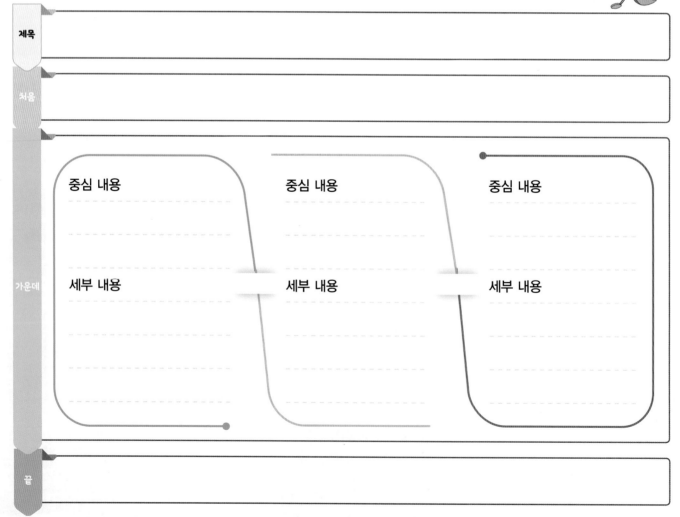

정리한 내용을 바탕으로 방법을 알려 주는 설명문을 써 보세요.

읽는 사람이 이해하기 쉽도록
쉬운 낱말을 사용하고, 문장은
길지 않게 쓰도록 해.

편지 형식으로 **설명문 쓰기**

어떻게 쓸까요

생각 모으기 우리나라의 음식이나 명절 중에서 외국 친구에게 설명하고 싶은 것을 정해서 생각나는 대로 써 봅니다.

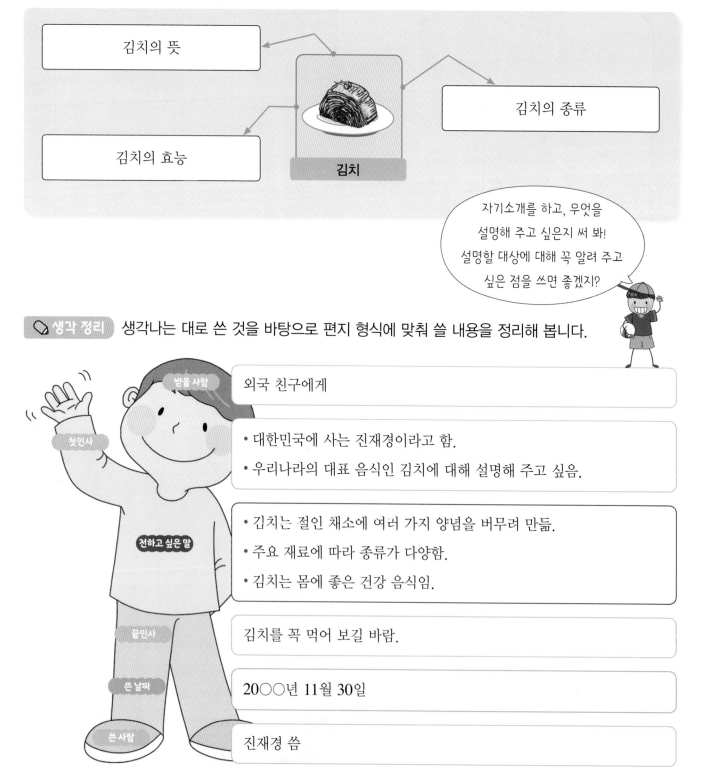

김치의 뜻

김치의 종류

김치의 효능

김치

자기소개를 하고, 무엇을 설명해 주고 싶은지 써 봐! 설명할 대상에 대해 꼭 알려 주고 싶은 점을 쓰면 좋겠지?

생각 정리 생각나는 대로 쓴 것을 바탕으로 편지 형식에 맞춰 쓸 내용을 정리해 봅니다.

받을 사람
외국 친구에게

첫인사
• 대한민국에 사는 진재경이라고 함.
• 우리나라의 대표 음식인 김치에 대해 설명해 주고 싶음.

전하고 싶은 말
• 김치는 절인 채소에 여러 가지 양념을 버무려 만듦.
• 주요 재료에 따라 종류가 다양함.
• 김치는 몸에 좋은 건강 음식임.

끝인사
김치를 꼭 먹어 보길 바람.

쓴 날짜
20○○년 11월 30일

쓴 사람
진재경 씀

편지 형식의 설명문을 쓸 때에는 받는 사람이 궁금해할 만한 내용을 써요. 받는 사람이 흥미를 느낄 수 있는 대상을 정하고, 그 대상에 대해 사실을 바탕으로 자세히 써요.

🌸 흐리게 쓴 글자를 한번 따라 써 보면 글쓰기에 도움이 됩니다.

글로 써 보기 정리한 내용을 바탕으로 편지 형식의 설명문을 써 봅니다.

외국 친구에게

받을 사람

첫인사 친구야, 안녕? 나는 대한민국에 사는 진재경이라고 해. 우리나라의 대표 음식인 김치에 대해 설명해 주고 싶어서 이렇게 편지를 썼어.

전하고 싶은 말 김치는 배추나 무 같은 채소를 소금에 절인* 다음 고춧가루, 마늘, 파 등 여러 가지 양념을 버무려* 만든 음식이야.

김치는 주요 재료에 따라 종류도 매우 다양하단다. 배추로 만든 배추김치, 열무로 만든 열무김치, 파로 만든 파김치, 갓으로 만든 갓김치, 오이로 만든 오이소박이, 무로 만든 깍두기 등 종류가 셀 수 없이 많아.

김치는 우리 몸에도 좋은 건강 음식이란다. 김치가 익는 동안 유산균*이 생기는데, 이것이 몸속의 해로운 균을 없애 준다고 해. 또 김치는 비타민과 칼슘 등 영양소도 풍부해.

끝인사 나는 네가 김치를 꼭 한번 먹어 보았으면 좋겠어. 만약 김치를 먹게 된다면 나에게 답장을 보내 주면 고맙겠어. 그럼 안녕!

쓴 날짜 **20○○년 11월 30일**

쓴 사람 **진재경 씀**

> 편지는 글로 주고받는 대화이므로 상대방과 대화하듯이 자연스럽게 써도 돼. 하지만 상대방이 웃어른일 경우에는 예의를 꼭 지켜야 해.

* **절인** 푸성귀나 생선 따위를 소금이나 식초, 설탕 따위에 담가 맛이 배어들게 한.
* **버무려** 여러 가지를 한데에 뒤섞어.
* **유산균** 우리 몸을 건강하게 도와주는 작은 생물.

생각 모으기 우리나라의 음식이나 명절 중에서 외국 친구에게 설명하고 싶은 것을 정해서 생각나는 대로 써 보세요.

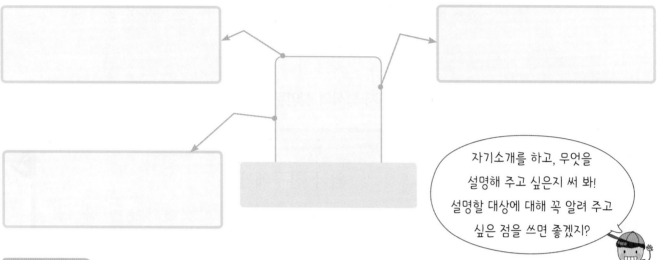

자기소개를 하고, 무엇을 설명해 주고 싶은지 써 봐! 설명할 대상에 대해 꼭 알려 주고 싶은 점을 쓰면 좋겠지?

생각 정리 생각나는 대로 쓴 것을 바탕으로 편지 형식에 맞춰 쓸 내용을 정리해 보세요.

받을 사람 외국 친구에게

첫인사

전하고 싶은 말

끝인사

쓴 날짜

쓴 사람

편지는 글로 주고받는 대화이므로
상대방과 대화하듯이 자연스럽게 써도 돼.
하지만 상대방이 웃어른일 경우에는
예의를 꼭 지켜야 해.

1 빈칸에 들어갈 중심 내용으로 알맞은 것에 ◯표 하세요.

> [   ] 듣는 능력이 사람의 4배나 되고, 소리가 나는 방향으로 귀를 움직일 수 있어서 작은 소리도 금방 알아듣습니다.

(1) 개는 냄새를 잘 맡습니다.   (   )

(2) 개는 소리를 잘 듣습니다.   (   )

(3) 개는 사물을 알아보는 능력이 뛰어납니다.   (   )

2 중심 내용에는 '중', 세부 내용에는 '세'라고 쓰세요.

(1) 드넓은 갯벌은 서산시의 자랑입니다. 끝없이 펼쳐진 갯벌에서 바지락 체험 등을 할 수 있습니다.   (   )

(2) 서산시에는 볼거리가 많습니다.   (   )

(3) 몽돌해변과 코끼리바위가 유명한 황금산은 작고 나지막한 산으로, 바다 한가운데 우뚝 솟아 있어 마치 섬처럼 보입니다.   (   )

3 글 ㉮~㉰를 설명문을 쓰는 순서에 맞게 기호를 쓰세요.

> ㉮ 첫째, 가습기는 얼굴에서 최소 2미터 떨어진 곳에 둡니다. 사람과 너무 가까우면 코와 목에 나쁜 영향을 줄 수 있습니다.
>
> ㉯ 겨울철에는 가습기를 틀어 집 안의 습도를 알맞게 유지하면 건강에 도움을 주지만 잘못 사용하면 오히려 건강을 해칠 수 있습니다. 가습기의 올바른 사용법은 무엇인지 알아봅시다.
>
> ㉰ 가습기의 올바른 사용법을 잘 알고 실천하여 건강한 생활을 하기 바랍니다.

글 (   ) ➡ 글 (   ) ➡ 글 (   )

숨은 그림 찾기   🐌 소풍에 가져갈 물건을 찾아 색칠해 보세요.

힌트: 설명문을 쓰는 방법이 맞게 쓰인 물건을 찾으면 됩니다.

객관적인 사실을 씁니다.

설명하려는 대상에 대해 자세히 씁니다.

'처음 - 가운데 - 끝' 세 부분으로 나누어 씁니다.

읽는 사람이 이해하기 쉽도록 씁니다.

4주차

생활 속 다양한 종류의 글

위인 박물관에는 볼거리가 많네.
여기서 보고 느낀 걸 견학문으로
써서 오래 남겨 두고 싶어.

무엇을 쓸까요

아이들이 위인 박물관을 다녀온 뒤에 각자 쓰고 싶은 글에 대해 말하고 있어요.

글은 쓰려는 목적이나 종류에 따라 쓰는 방법이 달라요.

위인의 삶과 업적을 알려 주는 전기문, 견학을 통해 보고 듣고 느낀 것을 기록한 견학문, 장소에 대한 정보를 알려 주는 안내문을 쓰려면 어떻게 해야 하는지 알아보고 다양한 글쓰기를 해 봐요.

전기문 쓰기

어떻게 쓸까요

생각 모으기 전기문으로 쓸 인물에 대해 알려 주고 싶은 것을 생각나는 대로 써 봅니다.

음악가

베토벤

'영웅' 교향곡, '운명' 교향곡, '합창' 교향곡

소리를 듣지 못하는 장애를 극복함.

> 전기문은 위인이 남긴 훌륭한 업적이나 본받을 만한 점을 중심으로 써야 해.

생각 정리 생각나는 대로 쓴 것을 바탕으로 전기문에 쓸 내용을 정리해 봅니다.

어린 시절
- 1770년, 독일의 본에서 태어남.
- 열네 살 때 궁정 극장의 연주자가 됨.
- 피아니스트로서 인정을 받고 인기를 모음.

성장 과정

어려움
- 귓병이 심해져 소리가 들리지 않게 됨.
- 소리를 듣지 못하는 음악가는 쓸모없는 존재라고 생각해 죽으려고 함.

극복 과정
- 자신의 음악을 세상 사람들에게 모두 들려주기 전까지는 세상을 떠나지 않겠다고 결심함.
- 눈과 마음으로 소리를 느끼고 작곡을 하려고 노력함.

업적
- '영웅' 교향곡, '운명' 교향곡, '합창' 교향곡 등 많은 작품을 남김.

전기문은 실제로 살았던 훌륭한 인물의 생애를 기록한 글로, 인물의 생애를 통해서 교훈이나 가치를 전달하려는 목적이 있기 때문에 인물의 업적이 주로 쓰여요.

❀흐리게 쓴 글자를 한번 따라 써 보면 글쓰기에 도움이 됩니다.

글로 써 보기 정리한 내용을 바탕으로 전기문을 써 봅니다.

장애를 이긴 위대한 음악가, 베토벤

어린 시절 베토벤은 1770년, 독일의 본에서 태어났습니다.

어릴 때부터 음악 공부를 하여, 열네 살 때 궁정 극장*의 연주자가 되었습니다. 또 자라면서 뛰어난 피아니스트로 인정받아 많은 사람에게 인기가 있었습니다.

성장 과정 그러던 어느 날, 베토벤의 귀에 병이 났습니다. 귀에서 윙윙 소리가 나면서 점점 소리가 들리지 않게 되었습니다. 베토벤은 소리를 듣지 못하는 음악가는 쓸모없다고 좌절하며 죽으려고 하였습니다. 그러나 베토벤은 곧 마음을 고쳐먹고, 자신의 음악을 세상 사람들에게 모두 들려주기 전에는 세상을 떠나지 않겠다고 결심했습니다. 진정한 소리는 귀가 아니라 눈과 마음으로 느낄 수 있다는 것을 깨닫고, 온 정신을 기울여 작곡에 힘을 쏟았습니다.

업적 오직 음악과 더불어 산 베토벤은 1827년에 57세로 세상을 떠났습니다. 하지만 베토벤이 남긴 '영웅' 교향곡, '운명' 교향곡, '합창' 교향곡 등의 음악들은 지금까지도 많은 사람의 사랑을 받으며 꾸준히 연주되고 있습니다.

* **궁정 극장** 황제나 왕이 기거하는 궁에 세워진 극장.

위인이 고난이나 역경을 이겨 내는 과정을 통해 교훈을 얻을 수 있어. 위인의 삶과 어울리는 제목을 정해 보도록 해.

이렇게 써 봐요

생각 모으기 전기문으로 쓸 인물에 대해 알려 주고 싶을 것을 생각나는 대로 써 보세요.

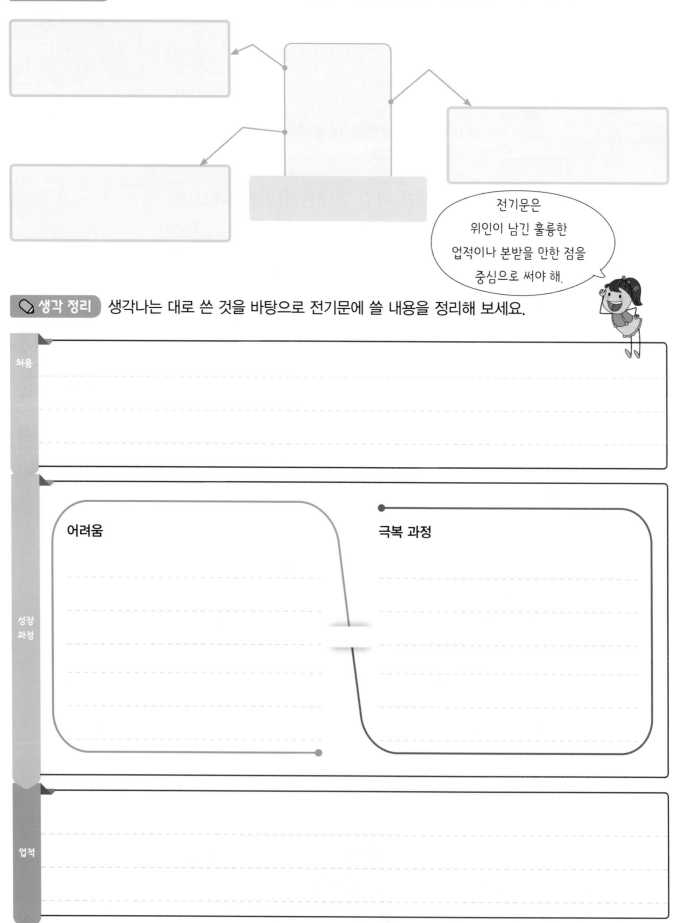

전기문은 위인이 남긴 훌륭한 업적이나 본받을 만한 점을 중심으로 써야 해.

생각 정리 생각나는 대로 쓴 것을 바탕으로 전기문에 쓸 내용을 정리해 보세요.

처음

성장 과정

어려움

극복 과정

업적

4
주차

1회
2회
3회
4회
5회

위인이 고난이나 역경을
이겨 내는 과정을 통해 교훈을 얻을 수 있어.
위인의 삶과 어울리는
제목을 정해 보도록 해.

자서전 쓰기

어떻게 쓸까요

생각 모으기 내가 태어나서 지금까지 겪었던 일 중 인상 깊었던 일을 생각나는 대로 써 봅니다.

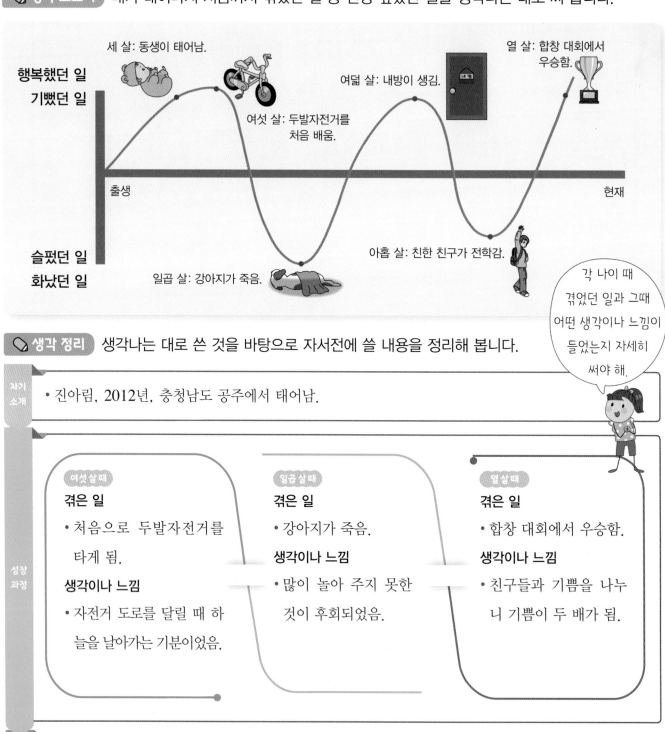

행복했던 일
기뻤던 일

세 살: 동생이 태어남.

여섯 살: 두발자전거를
처음 배움.

여덟 살: 내방이 생김.

열 살: 합창 대회에서
우승함.

출생

현재

슬펐던 일
화났던 일

일곱 살: 강아지가 죽음.

아홉 살: 친한 친구가 전학감.

각 나이 때 겪었던 일과 그때 어떤 생각이나 느낌이 들었는지 자세히 써야 해.

생각 정리 생각나는 대로 쓴 것을 바탕으로 자서전에 쓸 내용을 정리해 봅니다.

자기
소개

• 진아림, 2012년, 충청남도 공주에서 태어남.

성장
과정

여섯 살 때

겪은 일
• 처음으로 두발자전거를 타게 됨.

생각이나 느낌
• 자전거 도로를 달릴 때 하늘을 날아가는 기분이었음.

일곱 살 때

겪은 일
• 강아지가 죽음.

생각이나 느낌
• 많이 놀아 주지 못한 것이 후회되었음.

열 살 때

겪은 일
• 합창 대회에서 우승함.

생각이나 느낌
• 친구들과 기쁨을 나누니 기쁨이 두 배가 됨.

다짐

다른 사람에게 도움되는 어른이 되고 싶음.

💬 자서전은 자신의 삶을 솔직하게 기록한 글이에요. 자신의 일생을 되돌아보면서 자신이 살아온 환경, 인상 깊었던 경험, 생각 등을 써요.

🌸 흐리게 쓴 글자를 한번 따라 써 보면 글쓰기에 도움이 됩니다.

✏️ **글로 써 보기** 정리한 내용을 바탕으로 자서전을 써 봅니다.

나의 지난날을 돌아보며

자기 소개 제 이름은 진아림입니다. 저는 2012년, 충청남도 공주에서 태어났습니다.

성장 과정 여섯 살 때, 처음으로 두발자전거를 타게 되었는데 자꾸 넘어지고 속도가 날 때는 무서워서 포기하고 싶었습니다. 하지만 일주일 동안 열심히 연습하여 혼자서 탈 수 있게 되었습니다. 친구들과 자전거 도로를 신나게 달릴 때는 하늘을 날아갈 듯이 기뻤습니다.

일곱 살 때에는 키우던 강아지가 하늘나라로 갔습니다. 강아지에게 맛있는 것도 많이 주고, 좀 더 같이 놀아 줄 걸 하고 후회가 되어 며칠을 울었습니다.

열 살 때에는 교내 합창 대회에서 우리 반이 우승을 했습니다. 반 친구들이 기뻐하는 모습을 보니 나도 가슴이 벅차올랐습니다.* 반 친구들과 함께 기쁨을 나누니 기쁨이 배가 되는 것 같았습니다.

다짐 지난날을 돌아보면 슬펐던 일보다 기뻤던 일이 많았습니다. 앞으로도 좋은 친구들을 만나고, 바른 일을 하며 밝게 자라서 다른 사람에게 도움이 되는 어른이 되고 싶습니다.

* **벅차올랐습니다** 큰 감격이나 기쁨으로 가슴이 몹시 뿌듯하여 왔습니다.

나이 순서대로 기억에 남는 일을 중심으로 쓰도록 해. 글의 끝부분에는 자신의 삶을 되돌아보며 하고 싶은 말, 다짐, 반성 등을 쓰면 돼.

생각 모으기 내가 태어나서 지금까지 겪었던 일 중 인상 깊었던 일을 생각나는 대로 써 보세요.

행복했던 일
　　기뻤던 일

　　　　　출생　　　　　　　　　　　　　　　　　　　현재

슬펐던 일
　　화났던 일

각 나이 때 겪었던
일과 그때 어떤 생각이나 느낌이
들었는지 자세히 써야 해.

생각 정리 생각나는 대로 쓴 것을 바탕으로 자서전에 쓸 내용을 정리해 보세요.

자기
소개

성장
과정

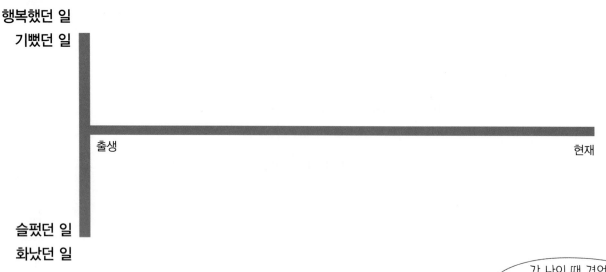

여덟 살 때

겪은 일

생각이나 느낌

아홉 살 때

겪은 일

생각이나 느낌

열 살 때

겪은 일

생각이나 느낌

다짐

정리한 내용을 바탕으로 자서전을 써 보세요.

나이 순서대로 기억에 남는 일을 중심으로 쓰도록 해. 글의 끝부분에는 자신의 삶을 되돌아보며 하고 싶은 말, 다짐, 반성 등을 쓰면 돼.

안내문 쓰기

어떻게 쓸까요

 생각 모으기 안내하고 싶은 장소에 대한 정보를 생각나는 대로 써 봅니다.

이용 대상	

강아지 공원

이용 규칙

이용 시간	

> 표에 정리한 것 외에도 고객 센터 전화번호, 이용 요금 등 읽을 사람에게 도움이 되는 정보를 추가할 수 있어.

생각 정리 생각나는 대로 쓴 것을 바탕으로 안내문에 쓸 내용을 정리해 봅니다.

안내할 장소
강아지 공원

이용 시간
• 3월~10월: 오전 9시~오후 7시
• 11월~2월: 오전 10시~오후 6시

이용 대상
• △△시 주민만 이용할 수 있음.

안내하는 까닭
반려견이 마음껏 뛰어놀 수 있는 장소를 알려 주기 위해서

이용 규칙
• 어린이는 반드시 어른과 함께 입장해야 함.
• 입장 후 2시간만 이용할 수 있음.
• 반려견 배설물은 즉시 치워야 함.

안내문은 어떤 장소나 행사 등에 대한 정보를 알려 주는 글이에요. 읽는 사람이 꼭 알아야 할 중요한 내용이나 궁금해할 내용이 무엇인지 생각하며 써야 해요.

🍃 흐리게 쓴 글자를 한번 따라 써 보면 글쓰기에 도움이 됩니다.

글로 써 보기 정리한 내용을 바탕으로 안내문을 써 봅니다.

강아지 공원

사랑스러운 반려견이 마음껏 뛰어놀 수 있는 강아지 공원으로 오세요. 반려견의 스트레스를 확 날려 버릴 수 있습니다.

이용 시간

- 3월~10월: 오전 9시~오후 7시
- 11월~2월: 오전 10시~오후 6시

이용 대상

강아지 공원은 △△시 주민만 이용할 수 있습니다. △△시 주민이 아닌 분은 입장하실 수 없습니다.

이용 규칙

- 어린이는 반드시 어른과 함께 입장해야 합니다.
- 입장 후 2시간만 이용할 수 있습니다.
- 쾌적한* 환경을 위해 반려견의 배설물은 즉시 치워 주세요.

* **쾌적한** 기분이 상쾌하고 즐거운.

왜 이 장소를 안내하는지 그 까닭을 쓰고, 중요한 내용만 간략하게 안내할지, 문장으로 풀어서 안내할지 생각해서 쓰도록 해. 문장으로 쓸 때에는 읽기 쉽도록 짧게 써야 해.

생각 모으기 안내하고 싶은 장소에 대한 정보를 생각나는 대로 써 보세요.

표에 정리한 것 외에도 고객 센터 전화번호, 이용 요금 등 읽을 사람에게 도움이 되는 정보를 추가할 수 있어.

생각 정리 생각나는 대로 쓴 것을 바탕으로 안내문에 쓸 내용을 정리해 보세요.

안내할 장소

행사 내용

이용 시간

안내하는 까닭

이용 대상

이용 규칙

표에 정리한 내용을 바탕으로 안내문을 써 보세요.

왜 이 장소를 안내하는지
그 까닭을 쓰고, 중요한 내용만 간략하게
안내할지, 문장으로 풀어서 안내할지 생각해서
쓰도록 해. 문장으로 쓸 때에는 읽기
쉽도록 짧게 써야 해.

견학문 쓰기

어떻게 쓸까요

생각 모으기 견학 장소 중 인상 깊었던 내용을 생각나는 대로 써 봅니다.

우리의 음식 전시실

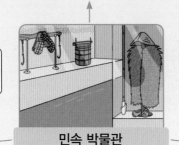

우리의 옷 전시실

민속 박물관

우리의 집 전시실

> 견학한 장소에 간 까닭을 쓰고, 견학한 곳을 순서대로 써. 그리고 나서 견학을 마치고 난 뒤 깨달은 점, 아쉬웠던 점, 더 알고 싶은 점 등 전체적인 생각이나 느낌을 쓰며 마무리하면 돼.

생각 정리 생각나는 대로 쓴 것을 바탕으로 견학문에 쓸 내용을 정리해 봅니다.

견학 목적

우리 조상들의 생활 모습을 알아보기 위해

견학 내용

우리의 음식 전시실

보고 듣고 배운 것
• 맷돌로 콩을 갈아서 메주를 만들고, 그 메주로 간장과 된장을 만든다고 함.

생각이나 느낌
• 콩과 소금만으로 맛있는 장을 만들었다는 것이 놀라움.

우리의 옷 전시실

보고 듣고 배운 것
• 베틀로 옷감을 만드는 과정을 봄.

생각이나 느낌
• 직접 옷감을 짜고 옷을 만들어 입어서 힘들었을 것 같음.

우리의 집 전시실

보고 듣고 배운 것
• 한옥과 초가집에 사용된 온돌을 봄.

생각이나 느낌
• 온돌 덕분에 따뜻하게 지낼 수 있어서 조상들께 감사함.

견학 소감

조상들의 지혜 덕분에 우리가 편안하게 살고 있는 것 같음.

견학문은 견학을 다녀온 뒤 자신의 생각이나 느낌을 쓴 글이에요. 인상 깊었던 곳을 중심으로 본 것, 들은 것, 새로 알게 된 것들을 쓰고, 그에 대한 생각이나 느낌을 써요.

🌸 흐리게 쓴 글자를 한번 따라 써 보면 글쓰기에 도움이 됩니다.

🏷 글로 써 보기 · 정리한 내용을 바탕으로 견학문을 써 봅니다.

민속 박물관을 다녀와서

견학 목적 우리 조상들의 생활 모습을 알아보기 위해 민속 박물관에 다녀왔다.

견학 내용 맨 처음 간 곳은 우리의 음식 전시실이다. 천장에는 메주가 대롱대롱 매달려 있었다. 맷돌로 콩을 갈아서 메주를 만들고, 그 메주로 간장과 된장을 만든다고 한다. 콩과 소금만으로 맛있는 장을 만들었다는 것이 놀라웠다.

그다음 간 곳은 우리의 옷 전시실이다. 한 아주머니가 베틀에 앉아 옷감을 짜고 계셨다. 옷감부터 옷을 만드는 일까지 모두 직접 해야 했다니 조상들께서는 무척 힘드셨을 것 같다.

마지막으로 간 곳은 우리의 집 전시실이다. 한옥과 초가집의 내부를 이리저리 구경했는데, 그중에서 아궁이에 불을 때면 방까지 따뜻해지는 온돌이 인상적이었다. 이 온돌 덕분에 우리가 지금까지 따뜻하게 지낼 수 있다니 조상들께 감사했다.

견학 소감 옛날 사람들이 먹던 음식이나 도구 중에는 지금까지 전해 내려오는 것들도 많았다. 조상들의 지혜 덕분에 지금의 우리가 편안하게 살고 있는 것 같다.

견학한 곳을 쓸 때에는 '맨 처음, 그다음 간 곳, 마지막으로 간 곳'과 같이 이동한 순서대로 순서에 맞는 말을 사용해서 쓰면 돼.

생각 모으기 견학 장소 중 인상 깊었던 내용을 생각나는 대로 써 보세요.

견학한 장소에 간 까닭을 쓰고,
견학한 곳을 순서대로 써.
그리고 나서 견학을 마치고 난 뒤
깨달은 점, 아쉬웠던 점, 더 알고 싶은 점
등 전체적인 생각이나 느낌을
쓰며 마무리하면 돼.

생각 정리 생각나는 대로 쓴 것을 바탕으로 견학문에 쓸 내용을 정리해 봅니다.

견학
목적

견학
내용

보고 듣고 배운 것	보고 듣고 배운 것	보고 듣고 배운 것
생각이나 느낌	생각이나 느낌	생각이나 느낌

견학
소감

정리한 내용을 바탕으로 견학문을 써 보세요.

견학한 곳을 쓸 때에는
'맨 처음, 그다음 간 곳, 마지막으로 간 곳'과
같이 이동한 순서대로 순서에 맞는
말을 사용해서 쓰면 돼.

견학문 형식으로 **일기 쓰기**

4주차
5회

어떻게 쓸까요

생각 모으기 견학 장소 중 인상 깊었던 내용을 생각나는 대로 써 봅니다.

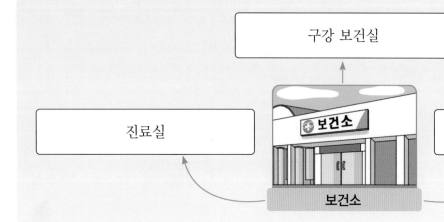

구강 보건실

진료실

건강 진단실

보건소

> 이동한 장소의 순서대로 본 것, 들은 것, 새롭게 알게 된 것들을 써. 그리고 그곳에서 생각하거나 느낀 점을 솔직하게 써야 해.

생각 정리 생각나는 대로 쓴 것을 바탕으로 쓸 내용을 정리해 봅니다.

견학 목적
이에 불소를 바르고, 보건실에 어떤 것들이 있는지 궁금해서

견학 내용

진료실	구강 보건실	건강 진단실
보고 듣고 배운 것	**보고 듣고 배운 것**	**보고 듣고 배운 것**
• 예방 주사를 맞으려는 사람들로 북적였음.	• 내부가 일반 치과와 비슷했음.	• 건강 검진에 필요한 다양한 시설들이 있음.
생각이나 느낌	**생각이나 느낌**	**생각이나 느낌**
• 주사를 맞고 우는 아이들을 보니 나는 주사를 안 맞아서 다행이라고 생각함.	• 선생님이 친절하셔서 무섭지 않았음.	• 부모님도 건강 검진을 자주 받았으면 좋겠음.

견학 소감
적은 비용으로 건강을 챙길 수 있는 보건소가 있어서 다행이라고 생각함.

견학문 형식으로 일기를 쓸 때에는 먼저 견학을 간 날짜와 그날의 날씨, 제목을 써요. 일기의 내용에는 견학한 장소에서 보고 듣고 새로 알게 된 것과 든 생각이나 느낌을 써요.

🌸 흐리게 쓴 글자를 한번 따라 써 보면 글쓰기에 도움이 됩니다.

글로 써 보기 정리한 내용을 바탕으로 일기를 써 봅니다.

날짜 20○○년 11월 6일 금요일   **날씨** 찬 바람이 코끝을 스침.

제목 보건소 견학

아버지와 함께 보건소에 갔다. 이가 썩지 않도록 이에 불소를 바르기 위해서였다. 나는 보건실에 어떤 것들이 있는지 궁금했다.

1층에 들어서니 진료실이 보였다. 예방 주사를 맞으려는 사람들로 북적였다. 주사를 맞고 우는 아이들을 보니 나는 주사를 안 맞아서 다행이라고 생각했다.

2층으로 올라가니 내가 가야 할 구강 보건실이 있었다. 내부는 일반 치과와 비슷했다. 선생님께서 이에 불소를 발라 주시고, 이를 닦는 방법도 가르쳐 주셨다. 치과에 갈 때마다 무서웠는데, 선생님께서 친절하게 말씀해 주셔서 무섭지 않았다.

3층에 올라가니 건강 진단실이 있었다. 건강 검진에 필요한 다양한 시설들이 보였다. 부모님께서도 건강 검진을 자주 받아서 건강을 잘 챙기시면 좋겠다.

보건소는 일반 병원보다 적은 비용으로 예방 접종과 각종 검사를 받을 수 있다고 한다. 적은 비용으로 건강을 챙길 수 있는 보건소가 있어서 정말 다행이라고 생각했다.

일기 형식에 맞춰 날짜, 날씨, 제목을 써야 해. 그리고 날씨가 잘 드러나도록 재미있고 자세하게 써 봐!

💬 **생각 모으기** 견학 장소 중 인상 깊었던 내용을 생각나는 대로 써 보세요.

이동한 장소의 순서대로 본 것, 들은 것, 새롭게 알게 된 것들을 써. 그리고 그곳에서 생각하거나 느낀 점을 솔직하게 써야 해.

💬 **생각 정리** 생각나는 대로 쓴 것을 바탕으로 쓸 내용을 정리해 보세요.

견학
목적

견학
내용

보고 듣고 배운 것

보고 듣고 배운 것

보고 듣고 배운 것

생각이나 느낌

생각이나 느낌

생각이나 느낌

견학
소감

글로 써 보기 정리한 내용을 바탕으로 일기를 써 보세요.

날짜		날씨	
제목			

일기 형식에 맞춰 날짜, 날씨, 제목을 써야 해. 그리고 날씨가 잘 드러나도록 재미있고 자세하게 써 봐!

1 글 ㉮~㉱ 중 베토벤의 업적을 알 수 있는 글은 무엇인지 기호를 쓰세요.

> ㉮ 베토벤은 1770년, 독일의 본에서 태어났습니다.
>
> ㉯ 그러던 어느 날, 베토벤의 귀에 병이 생겼습니다. 귀에서 윙윙 소리가 나면서 점점 소리가 들리지 않게 되었습니다.
>
> ㉰ 베토벤은 곧 마음을 고쳐먹고, 자신의 음악을 세상 사람들에게 모두 들려주기 전에는 세상을 떠나지 않겠다고 결심했습니다.
>
> ㉱ 베토벤이 남긴 '영웅' 교향곡, '운명' 교향곡, '합창' 교향곡 등의 음악들은 지금까지도 많은 사람의 사랑을 받으며 꾸준히 연주되고 있습니다.

글 (   )

2 빈칸에 들어갈 알맞은 말에 ○표 하세요.

> ☐☐☐☐☐☐☐
>
> 강아지 공원은 △△시 주민만 이용할 수 있습니다. △△시 주민이 아닌 분은 입장하실 수 없습니다.

(1) 이용 시간   (2) 이용 요금   (3) 이용 대상

(   )   (   )   (   )

3 ㉠~㉢을 본 것, 들은 것, 느낀 점으로 나누어 기호를 쓰세요.

> 맨 처음 간 곳은 우리의 음식 전시실이다. ㉠천장에는 메주가 대롱대롱 매달려 있었다. ㉡맷돌로 콩을 갈아서 메주를 만들고, 그 메주로 간장과 된장을 만든다고 한다. ㉢콩과 소금만으로 맛있는 장을 만들었다는 것이 놀라웠다.

(1) 본 것: (   )   (2) 들은 것: (   )   (3) 느낀 점: (   )

빈칸
색칠하기

생활 속의 다양한 글쓰기에 대해 바르게 말한 아이의 수만큼 아래서부터 몇 칸까지 올라갈지 색칠해 보세요.

힌트: 전기문, 안내문, 견학문을 쓰는 방법을 잘 생각해 보세요.

안내문을 쓸 때에는 문장을 길고 어렵게 써요.

안내문에는 읽을 사람이 꼭 알아야 할 내용을 써요.

몇 칸까지 올라갈까?

견학문은 견학한 장소를 모두 써요.

전기문은 인물의 업적이 잘 드러나게 써요.

전기문은 인물의 생애가 잘 드러나게 써요.

견학문은 견학한 장소를 순서대로 써요.

동음이의어

 똘이야, 지난 주말에 너 배 타고 할머니 댁에 다녀왔지?

응. 근데 배 안에서 배를 너무 많이 먹어서 배에 탈이 났었어.ㅠㅠ

 ??? 배를 먹어? 그래서 배가 탈이 났어? 그럼 배 사고가 났던 거야? 뉴스에 안 나왔는데⋯. 넌 괜찮아?

아이쿠, 그런 뜻이 아니고⋯.

 그럼 지금 무슨 말을 하는 거야?

바다 위를 다니는 배를 타고 가다가 과일이 먹고 싶어서 배를 너무 많이 먹었다고.

 아~.

그래서 배탈이 났다고. 이제 이해되냐? 맹순이 너 동음이의어 공부 좀 해야겠다. 내가 알려 줄게. 내일 좀 만나자.

 그래, 고마워. 역시 넌 내 친구 똘이야!

우리 몸의 일부인 '배'와 물 위를 떠서 다니는 '배', 그리고 맛있게 먹는 과일 '배'는

모두 **같은 소리**를 내어 읽지만 **그 뜻이 전혀 다르지요?**

이렇게 **소리는 같지만 뜻이 다른** 낱말을 '동음이의어'라고 해요.

이때 낱말끼리는 서로 관련이 없어 **각각의 뜻**을 가지고 있어요.

'동음이의어'의 낱말 뜻을 구별하려면 말의 앞뒤 상황을 잘 생각해 보아야 해요.

눈	고개	밤	굴	등
사과	샘	일기	지도	책장
탈	포기	모금	병	절

하늘에서 펄펄 내리는 눈.

눈

㉠ 밤사이 눈이 내려서 온 세상이 하얗게 변했어요.

빛의 자극을 받아 물체를 볼 수 있는 감각 기관.

㉠ 컴퓨터 게임을 너무 오래했더니 눈이 나빠졌어요.

사람이나 동물의 몸에서 가슴과 배의 반대쪽 부분.

등

㉠ 친구와 등을 맞대고 앉았어요.

불을 켜서 어두운 곳을 밝히는 데 쓰이는 기구.

㉠ 등을 켜자 방이 환해졌어요.

해가 진 뒤부터 동이 트기 전까지의 동안.

밤

㉠ 가족과 함께 밤에 반딧불축제를 보러 갔어요.

밤나무의 열매. 갈색의 껍데기와 맛이 떫은 얇은 속껍질 그리고 하얀 속살로 되어 있음.

㉠ 다람쥐가 밤을 맛있게 먹어요.

자연적으로 땅이나 바위가 안으로 깊숙이 패어 들어간 곳.

⑩ '호랑이를 잡으려면 호랑이 굴로 들어가야 한다.'는 말이 있어요.

굴

굴과에 속한 연체동물을 통틀어 이르는 말.

⑩ 싱싱한 굴을 구워 맛있게 먹었어요.

땅속에서 맑은 물이 솟아 나오는 곳. 또는 그 물.

⑩ 다람쥐가 샘에서 물을 먹어요.

샘

남의 것을 탐내거나, 자기보다 형편이 나은 사람을 부러워하거나 싫어하는 일. 또는 그런 마음.

⑩ 아빠가 동생만 칭찬해서 샘이 났어요.

남에게 공경하는 뜻으로 몸을 굽혀 하는 인사.

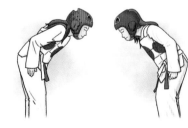

⑩ 시합 전에 상대 선수끼리 서로 절을 해요.

절

승려가 불상을 모셔 놓고 불도를 닦는 장소.

⑩ 석가 탄신일에 부모님과 함께 절에 갔어요.

주로 액체나 가루 등을 담는 아가리가 좁은 그릇.

병

생물체의 전신이나 일부분에 이상이 생겨 정상적 활동이 이루어지지 않아 괴로움을 느끼게 되는 현상.

예 빈 병으로 예쁜 꽃병을 만들었어요.

예 우리 집 고양이가 병에 걸렸어요.

몸에 생긴 병.

탈

얼굴을 감추거나 달리 꾸미기 위하여 나무, 종이, 흙 따위로 만들어 얼굴에 쓰는 물건.

예 상한 음식을 먹고 탈이 났어요.

예 얼굴에 탈을 쓰고 춤을 추었어요.

어떤 목적이나 방향으로 다른 사람을 가르쳐 이끎.

지도

지구 표면의 전부나 일부를 일정한 비율로 줄여 약속된 기호를 사용하여 평면에 그린 그림.

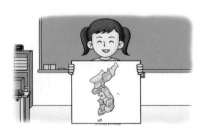

예 선생님의 지도에 따라 한 줄로 섰어요.

예 우리나라 지도를 그렸어요.

날마다 그날그날 겪은 일이나 생각, 느낌 등을 적은 글.

㉘ 철수는 매일 저녁마다 <u>일기</u>를 써요.

일기

그날그날의 기온이나 비, 구름, 바람 등이 나타나는 공기 중의 상태.

㉘ 텔레비전에서 <u>일기</u> 예보를 해요.

책을 넣어 두는 장.

㉘ 내 <u>책장</u>에는 동화책이 가득 꽂혀 있어요.

책장

책을 이루는 하나하나의 장.

㉘ <u>책장</u>을 빨리 넘기다 책이 찢어졌어요.

하려던 일이나 생각을 중간에 그만둠.

㉘ 달리기를 하다 넘어졌지만 <u>포기</u>를 하지 않고 끝까지 달렸어요.

포기

수량을 나타내는 말 뒤에 쓰여 낱개를 세는 단위.

㉘ 김장을 하려고 배추 열 <u>포기</u>를 샀어요.

기부금이나 성금 따위를 모음.

모금

액체나 기체를 입 안에 한 번 머금는 분량을 세는 단위.

㉠ 학교에서 불우 이웃 돕기 <u>모금</u>을 하고 있어요.

㉠ 목이 말라서 물을 몇 <u>모금</u> 마셨어요.

목을 포함한 머리 부분.

고개

산이나 언덕을 오르내리며 다닐 수 있게 길이 나 있는 비탈진 곳.

㉠ <u>고개</u>를 들어 하늘을 보아요.

㉠ <u>고개</u>를 넘어 고향 마을로 가요.

모양이 둥글고 붉으며 새콤하고 단맛이 나는 과일.

사과

자신의 잘못을 인정하며 용서해 달라고 빎.

㉠ 빨간 <u>사과</u>가 주렁주렁 열렸어요.

㉠ 내 실수에 대해 친구에게 <u>사과</u>를 했어요.

1 주차 생활문

똑같은 경험을 하고도 생각이나 느낌이 서로 달라요.
사람마다 인상 깊은 일이나 기억에 남는 일도 달라요.
이번 주에는 인상 깊은 일을 골라 자연스럽고
솔직하게 글을 써 봐요.

1회 장면 보고 느낀 점 쓰기
장면을 보고 왜 그런 생각이나 느낌이 들었는지 까닭과 함께 자세하게 써요.

2회 잘못한 일에 대한 생활문 쓰기
평소 생활에서 나의 잘못 때문에 일어난 일과 그때 어떤 다짐이나 반성을 했는지 글로 써 보세요.

3회 기억에 남는 일에 대한 생활문 쓰기
내가 겪은 일 중에 가장 기억에 남는 일을 중심으로 생활문을 써 보세요.

4회 학교생활에 대한 생활문 쓰기
학교에서 친구나 선생님과 있었던 일, 수업 시간이나 급식 시간, 등하교 시간에 있었던 일 중 기억에 남는 일을 떠올려 생활문을 써 보세요.

5회 생활문 형식으로 일기 쓰기
생활문과 일기는 모두 일상생활에서 있었던 일 가운데 기억에 남는 일, 중요한 일, 가치 있는 일 등을 솔직하게 쓴 글이에요.

2 주차 독서 감상문

여자아이는 『플랜더스의 개』를 읽었지만 책의 내용을 잘 기억하지 못했어요. 남자아이는 독서 감상문을 쓴 덕분에 책의 내용을 잘 기억할 수 있었어요.
독서 감상문을 어떻게 쓰는지 알아보고 재미있게 읽은 책의 독서 감상문을 써 봐요.

1회 내용 중심의 독서 감상문 쓰기
이야기의 순서를 잘 생각하며, 주인공이 겪은 일이나 중요한 사건을 중심으로 써요.

2회 주인공 중심의 독서 감상문 쓰기
주인공의 말과 행동을 통해 특성을 파악한 다음 비슷한 상황에서 나는 어떠했는지를 비교해 보면서 써요.

3회 위인 중심의 독서 감상문 쓰기
위인의 성장 과정, 훌륭한 점, 업적, 본받고 싶은 점 등을 중심으로 써요.

4회 편지 형식의 독서 감상문 쓰기
먼저 주인공이나 등장인물 중 한 사람을 고르고, 그 사람에게 하고 싶은 말을 편지 형식에 맞게 써요.

5회 독서 감상문 형식으로 일기 쓰기
일기의 제목을 쓰고 쓴 날짜와 그날의 날씨, 책을 읽은 까닭, 책의 내용, 책을 읽고 난 뒤의 생각이나 느낌을 써요.

무엇을 쓸까요 ❓ | 학습 계획일에 맞춰 꾸준히 글쓰기를 했나요 ❓ | 스스로 칭찬하는 말, 격려의 말 한마디를 써 봅니다 ❗

월 일 **1회** 장면 보고 느낀 점 쓰기
어떻게 쓸까요 ☺○ ☹○
이렇게 써 봐요 ☺○ ☹○

월 일 **2회** 잘못한 일에 대한 생활문 쓰기
어떻게 쓸까요 ☺○ ☹○
이렇게 써 봐요 ☺○ ☹○

월 일 **3회** 기억에 남는 일에 대한 생활문 쓰기
어떻게 쓸까요 ☺○ ☹○
이렇게 써 봐요 ☺○ ☹○

월 일 **4회** 학교생활에 대한 생활문 쓰기
어떻게 쓸까요 ☺○ ☹○
이렇게 써 봐요 ☺○ ☹○

월 일 **5회** 생활문 형식으로 일기 쓰기
어떻게 쓸까요 ☺○ ☹○
이렇게 써 봐요 ☺○ ☹○

아하~ 알았어요! ☺ 예 ☹ 아니요 참~ 잘했어요! ☺ 예 ☹ 아니요

무엇을 쓸까요 ❓ | 학습 계획일에 맞춰 꾸준히 글쓰기를 했나요 ❓ | 스스로 칭찬하는 말, 격려의 말 한마디를 써 봅니다 ❗

월 일 **1회** 내용 중심의 독서 감상문 쓰기
어떻게 쓸까요 ☺○ ☹○
이렇게 써 봐요 ☺○ ☹○

월 일 **2회** 주인공 중심의 독서 감상문 쓰기
어떻게 쓸까요 ☺○ ☹○
이렇게 써 봐요 ☺○ ☹○

월 일 **3회** 위인 중심의 독서 감상문 쓰기
어떻게 쓸까요 ☺○ ☹○
이렇게 써 봐요 ☺○ ☹○

월 일 **4회** 편지 형식의 독서 감상문 쓰기
어떻게 쓸까요 ☺○ ☹○
이렇게 써 봐요 ☺○ ☹○

월 일 **5회** 독서 감상문 형식으로 일기 쓰기
어떻게 쓸까요 ☺○ ☹○
이렇게 써 봐요 ☺○ ☹○

아하~ 알았어요! ☺ 예 ☹ 아니요 참~ 잘했어요! ☺ 예 ☹ 아니요

쓰기가 문해력이다

4단계

초등 4 ~ 5학년 권장

정답과 해설

EBS

당신의 문해력

쓰기가

문해력 이다

4단계

1주차 정답과 해설

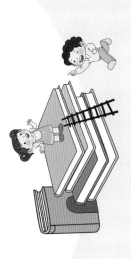

장면 보고 느낀 점 쓰기

1주차 1회

어떻게 쓸까요

다음 장면을 보고 떠오르는 생각이나 느낀 점을 써 봅니다.

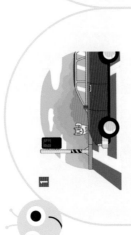

· 강아지가 위험해 보임.
· 강아지가 걱정됨.

· 강아지가 영리해 보임.
· 교통 신호를 잘 지켜야겠음.

왜 그렇게 생각하고 느꼈는지 자세히 써 봐.

(tip) 장면을 보고 떠오르는 생각이나 느낌을 추가로 써 보도록 지도해 주세요.

내용 정리

떠오르는 생각이나 느낀 점을 바탕으로 쓸 내용을 정리해 봅니다.

1
등장인물: · 강아지 한 마리가 횡단보도에 서 있었음.
생각, 느낌: · 차들이 쌩쌩 달려서 강아지가 위험해 보였음.
· 강아지가 횡단보도를 건너다 차에 치일까 봐 걱정되었음.

2
등장인물: · 녹색불이 켜지자 강아지가 횡단보도를 건넘.
생각, 느낌: · 교통 신호를 지키는 강아지가 영리해 보였음.
· 교통 신호를 지키지 않고 무단 횡단을 했던 내가 부끄러워졌음.
· 앞으로는 무단 횡단을 하지 말고 교통 신호를 잘 지켜야겠다고 생각했음.

장면을 보고 떠오르는 생각이나 느낀 점을 써 보세요. 생각이나 느낀 점을 쓸 때에는 왜 그런 생각이나 느낌이 들었는지 까닭과 함께 자세하게 써요.

정리한 내용을 바탕으로 장면 **1**, **2**를 보고 느낀 점을 글로 써 봅니다.

정리하며 쓴 글자를 한번 따라 써 보면 글쓰기에 도움이 됩니다.

교통 신호를 지키는 강아지

등장인물: 강아지 한 마리가 신호등이 있는 횡단보도에 서 있었다.

생각, 느낌: 차들이 쌩쌩 달려서 강아지가 위험해 보였다. 강아지가 빨간 불에 횡단보도를 건너다 차에 치일까 봐 무척 걱정되었다.

등장인물: 그런데 강아지도는 녹색불이 켜질 때까지 기다리다가 녹색불이 켜지자 천천히 횡단보도를 건너기 시작했다.

생각, 느낌: 교통 신호를 지킬 줄 아는 강아지가 신기하고 매우 영리해 보였다. 나는 가끔 교통 신호를 지키지 않고 무단 횡단을 한 적이 있는데, 강아지를 보니 그런 나 자신이 부끄러웠다. 나도 앞으로 교통 신호를 잘 지켜야겠다.

잘했어. 매일매일 짧은 글이라도 써 보도록 해

(tip) 제목을 정할 때 인상 깊은 점이나 느낀 점을 중심으로 정하면 내용을 쉽게 이해할 수 있습니다.

어휘가 문해력이다

생각 모으기

다음 장면을 보고 떠오르는 생각이나 느낀 점을 써 보세요.

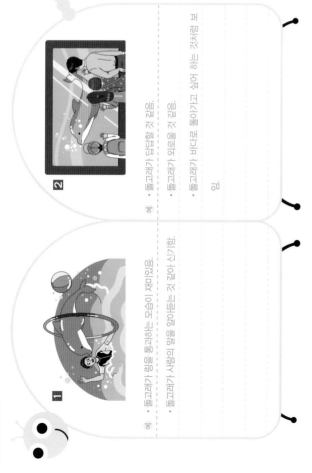

1

예) • 돌고래가 링을 통과하는 모습이 재미있음.
• 돌고래가 사람의 말을 알아듣는 것 같아 신기함.

2

예) • 돌고래가 답답할 것 같음.
• 돌고래가 외로울 것 같음.
• 돌고래가 바다로 돌아가고 싶어 하는 것처럼 보임.

생각 정리

떠오르는 생각이나 느낀 점을 바탕으로 쓸 내용을 정리해 보세요.

1

관찰 내용
• 돌고래가 여러 가지 묘기를 부림.

생각, 느낌
예) • 돌고래가 링을 통과하는 모습이 재미있음.
• 돌고래가 사람의 말을 알아듣는 것 같음.

2

관찰 내용
• 돌고래가 좁은 수족관에 갇혀 있음.

생각, 느낌
예) • 돌고래가 불쌍하게 느껴짐.
• 돌고래가 수족관에 갇혀 있어서 답답할 것 같음.
• 돌고래가 친구들이 있는 바다로 돌아가고 싶어 하는 것 같음.

> 왜 그렇게 느꼈는지 자세히 써 봐.

글로 써 보기

정리한 내용을 바탕으로 장면 **1**, **2**를 보고 든 생각이나 느낀 점을 글로 써 보세요.

예) 바다로 돌아가고 싶은 돌고래

수족관에 놀러 갔다가 돌고래가 여러 가지 묘기를 부리는 모습을 구경했다.

돌고래가 조련사의 손짓에 따라 묘기를 통과하는 모습이 재미있고 신기했다. 마치 돌고래가 사람의 말을 알아듣는 것 같았다.

그런데 잠시 뒤에 좁은 수족관에 갇혀 있는 돌고래의 모습을 보고 생각이 바뀌었다.

넓은 바다에서 살던 돌고래가 좁은 수족관에 갇혀 있으니 얼마나 답답할까? 돌고래가 불쌍해 보였다. 시무룩한 표정으로 힘없이 헤엄치는 돌고래가 친구들이 있는 넓은 바다로 돌아가고 싶어 하는 것 같았다.

> 잘했어, 매일매일 꾸준히 글이라도 짧게 써 보도록 해.

정답과 해설 **3**   4단계 1주차

'생활문'이란 자신이 생활하면서 보고, 듣고, 느낀 일을 실감 나게 쓴 글이에요. 평소 생활에서 나의 잘못 때문에 일어난 일과 그때 어떤 다짐이나 반성을 했는지 글로 써 보세요.

☆ 흐리게 쓴 글자를 한번 따라 써 보면 다음 글쓰기에 도움이 됩니다.

글로 써 보기 정리한 내용을 바탕으로 잘못한 일에 대한 생활문을 써 봅니다.

지혜야, 미안해

언제/어디에서
지난 금요일, 민지 생일 파티에 갔다.

있었던 일
그런데 평소에 깔끔하기로 소문난 지혜가 때가 전득 긴 바지를 입고 있었다. 나는 지혜를 놀려 주고 싶어서 일부러 큰 소리로 말했다.

"아유, 지혜야! 옷이 왜 그렇게 더럽니? 냄새날 것 같아."

내 말에 지혜는 생일 파티도 하지 않고 울면서 집에 갔다. 감작스러운 상황에 내가 아무 말도 못 하자 옆에 있던 민지가 말했다.

"지혜 어머니께서 병원에 입원하셔서 며칠째 빨래도 못 했대."

다짐, 반성
순간 지혜에게 너무 미안했다. 지혜의 상황을 알지도 못하고 함부로 말한 내가 너무 미웠다. 다음부터는 친구의 사정을 잘 살펴보도록 노력해야겠다.

겪었던 일을 통해 무엇을 느꼈는지 잘 드러나게 쓰도록 해. 대화 글을 넣어 쓰면 글이 더 생생하게 느껴져.

(tip) 대화 글을 넣어 쓰면 글이 더 생생하게 느껴집니다. 대화 글은 큰따옴표를 사용하고, 실제 대화하듯이 자연스럽게 씁니다. 대화 글은 큰따옴표를 떠올리고 그때의 생각과 느낌을 글로 정리하여 표현할 수 있도록 지도해 주세요.

 제2회

어떻게 쓸까요

잘못한 일에 대한 생활문 쓰기

생각 모으기 내가 잘못했던 일과 관련된 것들을 생각나는 대로 써 봅니다.

잘못한 일

언제
• 지난 금요일

어디에서
• 민지네 집

있었던 일
• 지혜의 옷이 더럽다고 놀림.
• 지혜가 울면서 집에 감.
• 지혜의 어머니께서 병원에 입원하셔서 빨래를 못 했음.

다짐, 반성
• 친구의 사정을 잘 살펴 줬음.

(tip) 다른 사람을 화나게 했거나 속상하게 했던 일을 떠올릴 수 있도록 지도해 주세요.

생각 정리 생각나는 대로 쓴 것을 바탕으로 쓸 내용을 정리해 봅니다.

다짐이나 반성이 잘 드러나도록 써야 해.

나의 잘못 때문에 일어난 일

언제	• 지난 금요일
어디에서	• 민지네 집
있었던 일	• 지혜의 옷이 더럽다고 놀림. • 지혜가 울면서 집에 감. • 지혜의 어머니께서 병원에 입원하셔서 빨래를 못 했다는 것을 알게 됨. • 지혜에게 너무 미안함.
다짐, 반성	• 다음부터는 친구의 사정을 잘 살펴 주도록 노력하겠음.

어휘 채우기

생각 모으기 | 내가 잘못했던 일과 관련된 것들을 생각나는 대로 써 보세요.

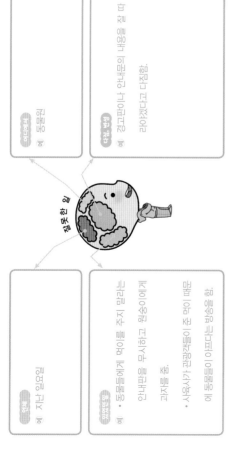

잘못한 일

언제
예 지난 일요일

어디서
예 동물원

잘못된 행동
예
- 동물들에게 먹이를 주지 말라는 안내판을 무시하고 원숭이에게 과자를 줌.
- 사육사가 관광객들이 준 먹이 때문에 동물들이 아프다는 방송을 함.

생각 정리 | 생각나는 대로 쓴 것을 바탕으로 쓸 내용을 정리해 보세요.

처음
예 지난 일요일

어디서
예 동물원

잘못된 행동
예
- 먼저 원숭이가 우리에 감.
- 원숭이 우리 앞에 '동물들에게 먹이를 주지 마시오'라고 쓰여 있었지만 그냥 무시하고 과자를 줌.
- 사육사가 관광객들이 준 먹이 때문에 원숭이가 아플까 봐 걱정됨.
- 내가 준 과자 때문에 원숭이가 아플지도 모른다고 다짐함.

끝·다짐
예
- 경고문이나 안내문의 내용을 잘 따르겠다고 다짐함.

다짐이나 반성이 잘 드러나도록 써야 해.

글쓰기

글로 써 보기 | 정리한 내용을 바탕으로 잘못한 일에 대한 생활문을 써 보세요.

예 지킴 건 지키자

지난 일요일에 부모님과 동물원에 우리에 갔다. 원숭이가 사람처럼 손을 움직이는 모습은 언제 봐도 신기했다. 나는 과자를 원숭이에게 내밀었다. 원숭이 우리 앞에는 '동물들에게 먹이를 주지 마시오'라고 쓰여 있었지만 그냥 무시했다. 원숭이들이 과자를 먹는 모습이 너무 귀여워서 과자를 몽땅 주고 말았다.

원숭이 우리를 떠나 동물원 여기저기를 구경하는데 스피커에서 사육사 아저씨의 목소리가 흘러나왔다. 관광객들이 준 먹이 때문에 동물들이 시름시름 앓고 있다는 내용이었다.

'어떡하지? 나도 원숭이에게 과자를 주었는데?'

내가 준 과자 때문에 귀여운 원숭이가 아플까 봐 걱정이 되었다. 원숭이에게 큰 죄를 지은 기분이었다.

"그래! 하지 말라는 데에는 그만한 이유가 있기 때문이야."

다음부터는 경고문이나 안내문의 내용을 무시하지 말고 잘 따라야겠다고 다짐했다.

겪었던 일을 통해 무엇을 느꼈는지 잘 드러나게 쓰도록 해. 대화 글을 넣어 쓰니 글이 더 생생하게 느껴져.

기억에 남는 일이란 마음속에 남아 자꾸만 생각나거나 다른 사람에게 꼭 들려주고 싶은 일 등을 말해요. 내가 겪은 일 중에 가장 기억에 남는 일을 중심으로 생활문을 써 보세요.

🍂 흐리게 쓴 글자를 한번 따라 써 보면 글쓰기에 도움이 됩니다.

📝 정리한 내용을 바탕으로 기억에 남는 일에 대한 생활문을 써 봅니다.

글로 써 보기

아주머니의 우산이 준 선물

언제
어디서
겪은 일

작년 여름, 수업을 마치고 집에 가려는데 비가 주룩주룩 쏟아졌다. 우산이 없어서 비를 맞고 집어가는데 한 아주머니에서 나를 불러 세우셨다.

"얘, 우산이 없니? 우산은 한 개 남았는데 너 쓰고 가렴."

아주머니께서는 우산을 저에 주시고는 손을 흔들며 가시던 길을 가셨다. 나는 집에 돌아와 아주머니께서 주신 우산을 어떻게 할까 고민하다가 누구나 쓸 수 있도록 아파트 1층 현관에 세워 두었다. 그리고 밖에는 '누구에게나 빌려주는 우산입니다.'라고 써 붙였다.

며칠 뒤, 놀라운 일이 벌어졌다. 밖에는 우산을 빌려서 고맙다는 쪽지들이 붙었고, 우산의 개수가 점점 늘어났다.

생각, 느낌

이 일을 통해 나는 한 사람 한 사람의 작은 배려가 모여 서로를 위하고 이웃을 생각하는 마음을 갖게 해 줄 수 있다는 것을 알았다. 지금도 비가 오면 그 아주머니가 생각난다.

인상 깊은 일이 잘 드러나도록 자세히 써야 해.

3회

어떻게 쓸까요

기억에 남는 일에 대한 생활문 쓰기

겪은 일 중에서 기억에 남는 일을 생각해 보고, 그때의 일을 글을 생각나는 대로 써 봅니다.

생각 모으기 | 겪은 일 중에서 기억에 남는 일을 생각해 보고, 그때의 일을 생각나는 대로 써 봅니다.

기억에 남는 일

언제
• 작년 여름

어디서
• 집에 가는 길거리

겪은 일
• 우산이 없어서 비를 맞음.
• 한 아주머니께서 우산을 주심.

생각, 느낌
• 한 사람 한 사람의 작은 배려가 모여 이웃을 생각하는 마음을 갖게 함.

(tip) 마음속에 깊이 남아 있는 일 중에서 한 가지를 골라 중요한 사건을 간단하게 정리하도록 지도해 주세요.

생각 정리 | 생각나는 대로 쓴 것을 바탕으로 쓸 내용을 정리해 봅니다.

겪은 일 중에서 중요한 사건을 한 가지를 쓰도록 해.

예

언제 • 작년 여름
어디서 • 집에 가는 길거리
겪은 일 • 우산이 없어서 비를 맞음.
• 한 아주머니께서 우산을 주심.
• 우산을 아파트 1층 현관에 두어 다른 사람들이 쓸 수 있게 함.
• 우산을 빌려 쓴 사람들이 고맙다는 쪽지를 남기고, 우산의 개수가 점점 늘어남.
생각, 느낌 • 한 사람 한 사람의 작은 배려가 모여 이웃을 생각하는 마음을 갖게 함.

✏️ 문장 쓰기

정리한 내용을 바탕으로 기억에 남는 일에 대한 생활문을 써 보세요.

예 고추 모종 심기

지난봄이었다. 온 가족이 할머니 댁에 가서 고추 모종 심는 것을 도와 드리기로 했다. 이른 아침부터 온 가족이 밭으로 나갔다.

나는 할머니 옆에 앉아서 할머니께서 시키시는 대로 호미로 구멍을 파고 고추 모종을 심었다. 그런데 두 시간쯤 지나자 온몸이 아팠다. 그때 어머니께서 새참으로 국수를 가져오셨다. 힘들게 일하고 난 뒤라 그런지 지금까지 내가 먹었던 국수 중에 제일 맛있었다. 국수를 먹고 나니 다시 힘이 났다. 나는 포기하지 않고 끝까지 고추 모종을 다 심었다.

그동안 할머니 혼자서 이 넓은 밭에서 농사를 지으시느라 얼마나 힘드셨을까 생각하니 가슴이 뭉클했다. 이제부터는 할머니께서 보내 주신 채소를 남기지 않고 먹어야겠다고 생각했다.

먹을 때마다 고마운 할머니의 마음을 가지고 남기지 않고 먹어야겠다고 생각했다.

> 인상 깊은 일이 잘 드러나도록 자세히 써야 해.

✏️ 이렇게 써요!

겪은 일 중에서 기억에 남는 일을 생각해 보고, 그때의 일을 생각나는 대로 써 보세요.

기억에 남는 일

언제 — 예 지난봄

어디서 — 예 할머니 댁

한 일 — 예
• 고추 모종 심는 것을 도움.
• 고추 모종을 하고 온몸이 아픔.
• 어머니가 주신 국수를 먹고 힘듦.

생각, 느낌 — 예
• 농사일을 지으시느라 할머니께 서 힘드셨을 것 같음.
• 채소를 남기지 말고 먹어야겠음.

> 겪은 일 중에서 중요한 사건 한 가지를 쓰도록 해.

생각나는 대로 쓴 것을 바탕으로 쓸 내용을 정리해 보세요.

언제 예 지난봄

어디서 예 할머니 댁

한 일 예
• 이른 아침부터 밭에 나가 고추 모종 심는 것을 도와 드림.
• 두 시간도 안 되어 온몸이 아픔.
• 어머니께서 새참으로 주신 국수를 먹고 다시 힘듦 남.

생각, 느낌 예
• 할머니 혼자 농사를 지으시느라 힘드셨을 것 같음.
• 채소를 먹을 때 할머니의 고마움을 생각하며 남기지 않고 먹어야겠음.

생활문의 글감을 떠올릴 때는 장소를 중심으로 떠올릴 수도 있어요. 학교에서 선생님과 있었던 일, 수업 시간이나 급식 시간, 등하교 시간에 있었던 일 중 기억에 남는 일을 떠올려 생활문을 써 보세요.

✿ 흐리게 쓴 글자를 한번 따라 써 보면 글쓰기에 도움이 됩니다.

글로 써 보기

✐ 정리한 내용을 바탕으로 학교생활에 대한 생활문을 써 봅니다.

패션 디자이너

처음
가운데
생각, 느낌

"옷이 날개라는 말이 있죠? 제가 그 날개를 만들어 드립니다."

지난 수요일, 다양한 직업을 소개하는 일일 교사로 오신 다예 아버지의 인사말이 인상적이었다.

"패션 디자이너가 되려면 우선 디자인이나 미술과 관련된 학과를 전공해야* 해요."

다예 아버지께서는 패션 디자이너가 하는 일에 대해 자세히 설명해 주셨다. 신상품이 나오려면 6개월 전부터 해외의 패션 흐름을 분석하고, 샘플을 만들고, 여러 번의 수정을 거쳐야 한다고 한다. 또 사람들의 마음이나 사회 분위기 등도 연구해야 한다고 한다.

옷은 그저 예쁘고 멋있게 만들기만 하면 된다고 생각했는데. 하나의 옷을 만들기 위해서는 여러 분야에 대한 연구가 필요하다고 하니 놀라웠다. 일일 교사이신 다예 아버지 덕분에 패션 디자이너라는 직업에 대해 많이 알 수 있는 알찬 시간이 되었다.

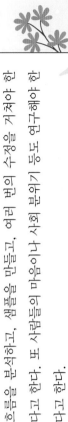

특별한 수업이나 학교생활과 관련하여 있었던 일을 떠올려 쓰도록 해.

* **의류**: 옷이나 옷과 같은 종류의 것들을 통틀어 이르는 말.
* **전공해요**: 어느 한 분야를 전문적으로 연구해요.

1주차 4회

어떻게 쓸까요

학교생활에 대한 생활문 쓰기

내용 떠올리기

✐ 학교에서 있었던 일 중에서 기억에 남는 일과 그때 든 생각을 정리해 봅니다.

기억에 남는 일

언제
· 지난 수요일

어디서
· 교실

있었던 일
· 일일 교사로 오신 다예 아버지께서 패션 디자이너에 대해 설명해 주심.

생각, 느낌
· 하나의 옷을 만들기 위해 많은 지식이 필요하다는 것을 알게 됨.

생각 정리

✐ 생각나는 대로 쓴 것을 바탕으로 쓸 내용을 정리해 봅니다.

언제 · 지난 수요일
어디서 · 교실
있었던 일 · 일일 교사로 패션 디자이너이신 다예 아버지께서 오심.
· 패션 디자이너가 되기 위해 해야 할 일과 신상품이 만들어지는 과정을 설명해 주심.
생각, 느낌 · 하나의 옷을 만들기 위해서는 다양한 지식이 필요하다는 것을 알게 됨.

학교생활을 하면서 기억에 남는 사람이나 사건 등을 떠올리고 있었던 일을 정리해 봐.

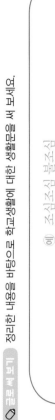

이렇게 써요

글쓰기 준비

학교에서 있었던 일 중에서 기억에 남는 일과 그때 든 생각을 정리해 보세요.

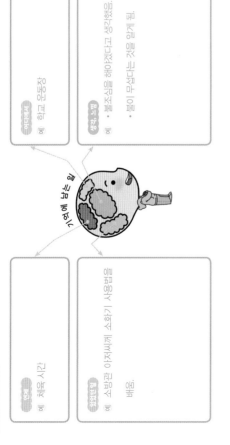

기억에 남는 일

언제
예) 체육 시간

어디에서
예) 학교 운동장

있었던 일
예) 소방관 아저씨께 소화기 사용법을 배움.

생각, 느낌
예) • 불조심을 해야겠다고 생각했음.
• 불이 무섭다는 것을 알게 됨.

생각 정리

생각나는 대로 쓴 것을 바탕으로 쓸 내용을 정리해 보세요.

언제 예) 체육 시간

어디서 예) 학교 운동장

있었던 일
• 예) 운동장에 모여서 소화기 사용법을 배움.
• 예) 소방관 아저씨께서 화재 예방법을 설명해 주심.
• 예) 소방관 아저씨께서 불을 끄는 시범을 보여 주심.
• 예) 소방관 아저씨께서 통 안에 불을 붙이고 학생들이 소화기로 불을 꺼 봄.

생각, 느낌
• 예) 불이 무섭다는 것을 알게 됨.
• 예) 화재 예방을 위해 내가 할 수 있는 일이 무엇인지 생각해 보겠음.

> 학교생활을 하면서 기억에 남는 인상 깊은 일과 떠올리고 그 일을 정리해 봐.

글쓰기

정리한 내용을 바탕으로 학교생활에 대한 생활문을 써 보세요.

예) 조심조심 불조심

지난 체육 시간이었다.

학교 운동장에서 소방관 아저씨께서 우리에게 소화기 사용법을 가르쳐 주셨다. 소방관 아저씨께서는 화재를 예방하기 위해 집이나 학교에서 지켜 야 할 일도 설명해 주셨다.

잠시 뒤, 소방관 아저씨께서 커다란 통 안에 불을 붙이셨다. 새빨갛게 타 오르는 불을 보니 너무 무서웠다. 소방관 아저씨께서는 침착하게 소화기의 안전핀을 뽑고 호스를 불 쪽으로 향하게 하셨다. 문이어 소화기 호스에서 하얀 가루가 뿜어져 나오자 새빨갛던 불길이 잦아들었다. 이번에는 작은 통 안에 불을 붙이시고, 학생들에게 소화기로 불을 꺼 보도록 하셨다. 내가 불 을 보고 당황하자 소방관 아저씨께서 불을 끌 수 있도록 도와주셨다.

작은 불도 이렇게 무서운데 큰불이 난다면 어떻게 될까? 난 처음으로 불 이 얼마나 무서운지 느끼게 되었다. 화재를 예방하기 위해서 내가 할 수 있 는 일이 무엇일지 고민해 보고 실천해야겠다.

> 특별한 수업이나 학교생활과 관련하여 있었던 인상 깊은 일을 떠올려 쓰도록 해.

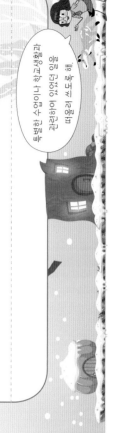

4단계 1주차 **9 정답과 해설**

생활문과 일기는 모두 일상생활에서 있었던 일 가운데 기억에 남는 일, 중요한 일, 가치 있는 일 등을 솔직하게 쓴 글이에요.

(tip) 일기의 제목은 글을 다 쓴 다음에 써도 됩니다. 제목을 짓기 어려워하면 글을 다 쓴 뒤에 글의 중심 내용을 잡아 드래브는 넣음을 찾아 제목을 지어 보도록 지도해 주세요.

◆ 흐리게 쓴 글자를 한번 따라 써 보면 글쓰기에 도움이 됩니다.

🖊 **글로 표현하기** 정리한 내용을 바탕으로 생활문 형식의 일기를 써 봅니다.

20○○년 9월 5일 토요일   바람이 세차게 불던 날

태풍*아, 빨리 지나가라

저녁을 먹고 난 뒤 아버지께서 텔레비전을 켜셨다. 오늘 밤부터 중부 지방에 비바람이 몰아친다는* 뉴스를 전하고 있었다. 제보을 돌리니 세찬 비바람이 마을 주민이 집 안으로 흙탕물이 들어와 가구마 웃둥이 영망진창이라는 인터뷰를 하고 있었다.

그때 세찬 바람이 몰아치더니 우리 집 장문이 심하게 흔들렸다. 바람 때마보니 바람 때문에 나뭇가지가 이리저리 흔들리고 있었다.

"안 되겠다. 장문에 테이프를 붙이자."

어머니께서는 장문에 테이프를 붙이면 유리창이 깨지는 것을 막을 수 있다고 하셨다. 나는 어머니를 도와 베란다 장문에 테이프를 붙였다.

바람에 장문이 흔들릴 때마다 장문이 깨질 것 같아 무서웠다.

'태풍아, 제발 아무 피해도 주지 말고 빨리 지나가라.'

나는 몇 번이고 마음속으로 빌었다.

*태풍: 강한 비바람을 동반하는 열대성 저기압.
*몰아친다는 한꺼번에 몰려 닥친다는.

일기에는 반드시 날짜, 요일, 날씨가 들어가야 해. 내용에 알맞은 제목을 붙이면 흥룡한 일기가 완성되겠지요?

5회

🖍 **어떻게 쓸까요**

생활문 형식으로 일기 쓰기

🖊 **생각 모으기** 오늘 하루 겪었던 일 중에서 기억에 남는 일과 그때 어떤 생각을 했는지 정리해 봅니다.

☀
- 아버지와 등산을 하러 가서 두 시간 동안 산에 오름.
- 힘들었지만 산 정상에 오르니 상쾌하고 뿌듯함.

☀
- 놀이터에 가서 친구들과 술래잡기 놀이를 함.
- 술래가 되어 친구를 찾는 것이 재미있었음.

🌙
- 강한 태풍이 온다는 뉴스를 보고 장문에 테이프를 붙임.
- 아무 피해 없이 태풍이 빨리 지나가길 바람.

🖊 **생각 정리** 오늘 하루 겪었던 일 중에서 기억에 남는 일 한 가지를 골라 정리해 봅니다.

날씨를 쓸 때에는 '흐림, 눈, 비, 맑음'으로 간단하게 표현하지 말고 자신만의 느낌을 살려 재미있게 써 봐.

20○○년 9월 5일 토요일
- 바람이 세차게 불던 날
- 밤부터 비바람이 몰아친다는 일기 예보를 봄.
- 누스에서 태풍 피해 소식을 봄.
- 바람 때문에 장문이 심하게 흔들림.
- 엄마와 함께 장문에 테이프를 붙임.
- 바람 때문에 장문이 깨질까 봐 무서움.
- 아무 피해 없이 태풍이 빨리 지나가길 바람.

글로 써 보기

정리한 내용을 바탕으로 생활문 형식의 일기를 써 보세요.

날짜·요일	2000년 10월 20일 수요일	날씨	바람이 살랑살랑 불어옴.
제목	추억이 담긴 일기장		

"아휴, 이게 뭐니? 돼지우리도 이것보다는 깨끗하겠다."

저녁을 먹은 뒤, 엄마의 잔소리에 나는 그동안 미루고 미루었던 방 정리를 하기로 했다. 내가 봐도 방이 너무 지저분해 보였다.

책상 정리를 마치고, 책장 정리를 시작했다. 아무렇게나 꽂혀 있는 책들을 종류별로 분류하면서 보기 좋게 정리했다. 그런데 책들 사이에서 낯익은 그림일기장이 보였다. 1학년 때 내가 쓴 그림일기였다. 글씨도 삐뚤빼뚤하고 맞춤법도 엉망이었다. 일기장을 보니 1학년 때 있었던 일들이 새록새록 떠올랐다.

'내가 이렇게 유치했었나?'

나도 모르게 웃음이 터져 나왔다. 1학년 때에 비해 내가 많이 컸구나 하는 생각도 들었다. 일기장을 보며 3년 전 추억을 떠올릴 수 있어 좋았다.

10년 뒤에 이 일기장을 본다면 어떤 느낌일까? 이 일기장을 소중히 간직해야겠다.

일기에는 반드시 날짜, 요일, 날씨가 들어가야 해. 내용에 알맞은 제목이 들어가면 훨씬 좋은 일기가 완성되겠지?

4단계 1주차 11 정답과 해설

생각 열기

오늘 하루 겪었던 일 중에서 기억에 남는 일과 그때 어떤 생각을 했는지 정리해 보세요.

예
- 동생과 게임을 함.
- 더 하고 싶은데 엄마가 그만하라고 하셔서 실망함.

- 운자 동생을 돌봄.
- 엄마의 사랑을 깨달음.

예
- 방 청소를 하다가 1학년 때 쓴 그림일기장을 발견함.
- 내가 많이 컸다는 것을 느낌.

생각 정리

오늘 하루 겪었던 일 중에서 기억에 남는 일 한 가지를 골라 정리해 보세요.

날씨를 쓸 때에는 '흐림, 눈, 비, 맑음'으로 간단하게 표현하지 않고 자신만의 느낌을 살려 재미있게 써 봐.

날짜·요일 예 2000년 10월 20일 수요일

날씨 예 바람이 살랑살랑 붙음.

글감 예 저녁을 먹은 뒤 방 정리를 함.
- 책장에서 1학년 때 쓴 그림일기장을 발견함.
- 글씨도 삐뚤빼뚤하고 맞춤법도 엉망임.
- 1학년 때 일이 새록새록 기억남.

생각·느낌 예
- 내가 많이 컸다는 것이 느껴짐.
- 3년 전 추억을 떠올릴 수 있어 좋았음.
- 10년 뒤에 이 일기장을 보면 어떤 느낌일지 궁금함.

해설 | 하루 동안 있었던 일 중에서 중요한 사건을 간단하게 정리해 쓴다. 생활문은 일상생활에서 있었던 일 등을 솔직하게 쓴 글입니다.

미로 찾기

배고픈 생쥐가 맛있는 치즈를 먹으려면 미로를 통과해야 해요. 고양이를 피해 길을 찾아가 보세요.

힌트: 생활문을 쓰는 방법으로 알맞으면 ○, 알맞지 않으면 ✗를 따라가 보세요.

예.

- 자신이 생활하면서 주는 일을 쓴다.
- 새로운 이야기를 재미있게 꾸며서 쓴다.
- 하나의 사건에 대해 자세히 쓴다.
- 하루 동안 있었던 모든 일을 순서대로 쓴다.

---

1 다음 글을 읽고, 생각이나 느낌을 표현한 부분에 밑줄을 그으세요.

강아지 한 마리가 신호등이 있는 횡단보도에 서 있었다.
차들이 씽씽 달려서 강아지가 위험해 보였다. 강아지가 빨간불에 횡단보도를 건너다 차에
<u>차일까 봐 무척 걱정되었다.</u>

해설 | '강아지 한 마리가 신호등이 있는 횡단보도에 서 있었다.'가 일어난 일(사실)이고, '차들이 ~ 걱정되었다.'가 이를 보고 든 생각입니다.

> 대화 글을 쓸 때에는
> 중을 바꿔서 쓰고, 앞뒤에는
> 큰따옴표나 작은따옴표를 붙여.

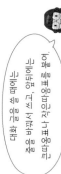

2 밑줄 그은 부분을 대화 글로 고쳐 써 보세요.

지난 금요일, 민지 생일 파티에 갔다.
그런데 평소에 깔끔하기로 소문난 지혜가 빼가 산뜻 킨 바지를 입고 있었다. 나는 지혜를
놀려 주고 싶어서 일부러 큰소리로 지혜에게 <u>옷이 왜 이렇게 더럽냐며 냄새를 맡고 말
했다.</u>

예) "어휴, 지혜야! 옷이 왜 그렇게 더럽니? 냄새날 것 같아!"

해설 | 지혜를 놀리는 마음이 잘 드러나도록 내용을 대화 글로 꾸며 봅니다.

3 글이 생생해지도록 빈칸에 들어갈 알맞은 흉내 내는 말을 써 보세요.

작년 여름, 수업을 마치고 집에 가려는데 비가 [   ] 쏟아졌다. 우산이 없어서 한
수 없이 비를 맞고 집에 들어가는데 한 아주머니께서 나를 불러 세우셨다.

(예)주룩주룩

해설 | 모양이나 소리를 흉내 내는 말은 많은 글을 더 생생하도록 해 줍니다. 비가 오는 모양이나 소리를 떠올려 봅니다.

4단계

쓰기가
문해력
이다

2주차 정답과 해설

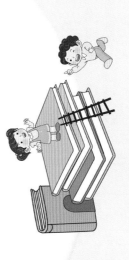

내용 중심의 독서 감상문 쓰기

어떻게 쓸까요

책을 읽고 난 뒤 내용 중심으로 인상 깊은 장면이나 느낌을 생각나는 대로 써 봅니다.

생각 떠올리기

「황소와 도깨비」

- 동생이 황소를 때리고 집에 가는 길에 도깨비를 만남.
- 남을 도우면 보답을 받게 됨.
- 동소는 도깨비가 황소 배 속에서 살 수 있도록 허락함.
- 도깨비는 보답으로 황소의 힘을 배 빼나 세게 해 줌.

(tip) 4학년 권장 도서인 「황소와 도깨비」는 작가 이상이 남긴 유일한 동화입니다.

생각 정리

생각나는 대로 쓴 것을 바탕으로 독서 감상문의 짜임에 맞춰 쓸 내용을 정리해 봅니다.

책에서 기억에 남는 장면을 중심으로 일이 일어난 순서에 맞게 줄거리를 간단하게 정리하도록 해.

제목
「황소와 도깨비」를 읽고

읽은 까닭
- 평소 도깨비 이야기를 좋아해서

줄거리
① 동생이 황소를 데리고 집에 가는 길에 도깨비를 만남.
② 도깨비가 황소 배 속에서 두 달만 살게 해 달라고 애원하자 동소가 허락함.
③ 두 달 뒤 몸이 뚱뚱해진 도깨비는 황소가 크게 하품을 한 덕분에 밖으로 나옴.
④ 도깨비는 보답으로 황소의 힘을 배 빼나 세게 해 줌.

생각, 느낌
- 아무런 조건 없이 도깨비를 도와준 동소가 인상적이다.
- 곤경에 처한 사람을 도와주는 사람들에게 동소처럼 좋거나 뜻밖의 행운이 찾아가면 좋겠음.

(tip) 독서 감상문은 책 제목 → 읽은 까닭 → 줄거리 → 생각이나 느낌의 짜임으로 씁니다.

책의 내용을 중심으로 독서 감상문을 쓸 때에는 이야기의 순서를 잘 생각하며, 주인공이 겪은 일이나 중요한 사건을 중심으로 써요.

글로 써 보기 정리한 내용을 바탕으로 내용 중심의 독서 감상문을 써 봅니다.

앞에서 쓴 글자를 한번 따라 써 보면 글쓰기에 도움이 됩니다.

제목
「황소와 도깨비」를 읽고

읽은 까닭
평소 도깨비 이야기를 좋아해서 「황소와 도깨비」를 읽어 보았다.

줄거리
나무 장사 동소는 집으로 가는 길에 사냥개에 물려 상처가 난 새끼 도깨비를 만난다. 새끼 도깨비는 황소 배 속에서 두 달만 살면 상처가 다 나을 거라며 황소 배 속에 들어가게 해 달라고 애원하고, 착한 동소는 아무 조건 없이 이를 허락한다. 두 달이 지나자 배가 터질 것처럼 불러 온 황소는 괴로워하며 날뛰기 시작한다. 동소는 자식처럼 아끼는 황소가 죽을까 봐 애를 태우는데 황소가 입을 크게 벌리고 하품을 하는 사이 도깨비가 무사히 세지게 해 주었다. 도깨비는 은혜를 갚겠다며 황소의 힘이 백 배나 세지게 해 주었다. 그리고 힘이 세진 황소 덕에 나무를 많이 싣고 나가 팔게 된 동소는 부자가 된다.

생각, 느낌
이 책을 읽으며 아무런 조건 없이 불쌍한 도깨비를 도와준 동소가 행운을 얻게 된다는 내용이 인상적이었다. 우리 사회에도 다른 사람을 위해 무조건 도움의 손길을 내미는 사람들이 있다. 그 사람들에게도 동소처럼 뜻밖의 행운이 찾아가면 좋겠다.

이야기의 내용이나 등장인물의 특징과 연관 지어 느낌과 연관 지어 자세히 써 봐.

원고지에 써 보기

정리한 내용을 바탕으로 내용 중심의 독서 감상문을 써 보세요.

예 『늑대왕 로보』를 읽고

늑대에 관한 책을 찾아보다가 시튼이 쓴 『늑대왕 로보』를 읽어 보았다.

실화를 바탕으로 한 늑대 이야기라는 말이 흥미를 끌었기 때문이다.

미국의 한 지방에 '로보'라는 늑대가 살았다. 로보는 다섯 마리의 부하를 거느리고 5년 동안 2천 마리가 넘는 마을의 가축을 잡아먹었다. 마을 사람들은 로보를 잡기 위해 온갖 방법을 동원했지만 대담한 데다 지혜롭기까지 한 로보를 잡을 수 없었다. 그러자 사람들은 로보를 잡기 위해 결국 시튼에게 잡았다.

사랑하는 블랑카를 잃고 아무것도 먹지 않고 버티다 그만 죽어 버리고 만다.

나는 로보가 블랑카의 피가 묻은 곳에서 서럽게 우는 장면이 생생하게 떠오른다. 동물도 인간처럼 사랑, 죽음 등에 대한 감정이 있다는 것이 놀라웠기 때문이다. 비록 로보가 싶어하는 인간들에게 많은 피해를 입었지만, 죽은 뒤에는 블랑카의 영혼과 만나 행복하게 살았으면 좋겠다.

> 이야기의 내용이나 등장인물의 특징과 연관 지어 생각하거나 느낀 점을 자세히 써 봐.

생각 열기

책을 읽고 난 뒤 내용 중심으로 인상 깊은 장면이나 느낌을 생각나는 대로 써 보세요.

예 · 실화를 바탕으로 한 늑대의 이야기라고 해서 궁금했음.

예 · 동물도 인간처럼 감정이 있다는 것이 놀라움.

늑대왕 로보

예 · 사람들이 로보를 잡기 위해 블랑카를 죽여서 미끼로 삼음.

예 · 로보는 도망가지 않고 블랑카 옆에서 숨을 거둠.

(tip) 『늑대왕 로보』는 작가 자신이 체험을 소재로 한 동물 소설입니다.

생각 정리

생각나는 대로 쓴 것을 바탕으로 독서 감상문의 짜임에 맞춰 쓸 내용을 정리해 보세요.

> 글에서 기억에 남는 장면을 중심으로 일이 일어난 순서에 맞게 줄거리를 간단하게 정리하도록 해.

독서 동기
예 『늑대왕 로보』를 읽고

읽은 계기
예 실화를 바탕으로 한 늑대의 이야기라고 해서

생각, 느낌
예 · 동물도 인간처럼 감정이 있다는 것이 놀라움.
· 로보가 블랑카의 영혼과 만나 행복하게 살 있었으면 좋겠음.

줄거리
예 ① '로보'라고 이름 붙여진 늑대왕이 5년 동안 2천 마리가 넘는 마을의 가축을 잡아먹음.
② 사람들이 로보를 잡기 위해 온갖 방법을 동원하지만 로보를 잡지 못함.
③ 시튼이 로보의 짝인 블랑카를 죽여 미끼로 삼음.
④ 로보는 아무것도 먹지 않고 버티다 죽어 버림.

주인공 중심의 독서 감상문 쓰기

이렇게 쓸까요

책을 읽고 난 뒤 주인공의 말이나 행동 중에서 인상 깊은 점을 생각나는 대로 써 봅니다.

생각 모으기

갈매기의 꿈

- 주인공은 먹는 것보다 하늘을 나는 것에 관심이 많음.
- "항상 날 보고 배우기보다 이제 너 스스로 성장하라."
- "높이 나는 새가 되어라."

- 갈매기 무리에서 쫓겨나서도 계속 비행 연습을 함.
- 자신을 쫓아낸 갈매기 무리를 찾아가 비행 기술을 가르침.

> 읽은 책 중에서 주인공의 말이나 행동이 인상 깊어서 독서 감상문을 쓰고 싶은 책을 골라 봐.

생각 정리

생각나는 대로 쓴 것을 바탕으로 독서 감상문의 짜임에 맞춰 쓸 내용을 정리해 봅니다.

제목 「갈매기의 꿈」을 읽고

읽은 책 동기
- 책 표지가 눈길을 끌어서

줄거리
주인공의 인상 깊은 말이나 행동
- 더 높이, 더 잘 나는 데에만 관심이 있음.
- 갈매기 무리에서 쫓겨나서도 계속 비행 연습을 함.
- "항상 날 보고 배우기보다 이제 너 스스로 성장하라."
- "높이 나는 새가 되어라."

주인공의 특성
- 현실에 만족하지 않고 자신의 꿈을 이루기 위해 노력함.
- 한번 마음먹은 일은 어떤 어려움이 닥쳐도 포기하지 않음.

생각, 느낌
- 태권도에서 어려운 동작이 나오면 몇 번 연습하다 포기했던 것을 반성함.
- 꿈을 이루기 위해서는 쉽게 포기하지 말고 계속 노력해야 한다는 것을 깨달음.

(tip) 주인공과 비슷한 상황에서 나는 어떻게 했는지를 비교하며 쓰기가 편해요.

주인공을 중심으로 독서 감상문을 쓸 때에는 주인공의 말과 행동을 통해 특성을 파악해요. 그런 다음 비슷한 상황에서 나는 어떻게 했는지를 비교해 보면 주인공에 대해 더 잘 이해할 수 있어요.

⭐ 흐리게 쓴 글자를 한번 따라 써 보면 글쓰기에 도움이 됩니다.

글로 써 보기

정리한 내용을 바탕으로 주인공 중심의 독서 감상문을 써 봅니다.

「갈매기의 꿈」을 읽고 (제목)

도서관에서 이달의 추천 도서를 찾아보다가 파란 하늘을 멋지게 날아오르는 갈매기가 그려진 「갈매기의 꿈」이 내 눈길을 끔 있다. (읽은 책, 동기)

주인공 조나단은 다른 갈매기들이 먹이를 구하는 것에만 관심이 있을 때 오로지 더 높이, 더 잘 나는 비행 기술을 익히는 데에만 있다. 평범하지 않다는 이유로 무리에서 쫓겨나서도 혼 자 외롭게 비행 연습을 하고, 마침내 마음먹은 곳이면 언제 어디 든 날 수 있는 비행 기술을 익히게 된다. 고향으로 돌아가 제자들을 가르치며 "항상 날 보고 배우기보다 이제 너 스스로 성장하라." (줄거리)

"높이 나는 새가 되어라."라는 말을 남기고 빛과 함께 사라진다. 조나단은 현실에 만족하지 않고 자신의 꿈을 이루기 위해 끊임없 이 노력했다. 한번 마음먹은 일은 어떤 어려움이 닥쳐도 포기하지 않 고 끝까지 해내고야 마는 의지를 가졌다.

나도 태권도 선수가 되고 싶은 꿈이 있다. 그런데 어려운 동작 이 나오면 몇 번 연습하다가 금세 포기하고 만다. 하지만 조나단 이 보면서 꿈을 이루기 위해서는 쉽게 포기하지 말고 자신의 꿈을 이루기 위해 노력하는 포기하지 말고 계속 노력해야 한다는 것을 다시 한번 깨달았다. (생각, 느낌)

> 주인공을 통해 깨달은 점이나 주인공의 말과 행동에서 배울 점을 담아 써.

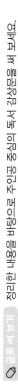

[글로 써 보기]

정리한 내용을 바탕으로 주인공 중심의 독서 감상문을 써 보세요.

예 『자린고비』를 읽고

옛이야기에 자주 등장하는 '구두쇠 자린고비'라는 글자가 눈에 확 띄어 책을 읽어 보았다.

자린고비는 큰돈만 절약한 것이 아니라 일상생활 속에서 아주 사소한 것에도 특별한 절약 정신을 보인다. 굴비를 천장에 매달아 놓고 밥을 먹으면서 가족들에게 굴비가 많으니까 밥 한 숟가락에 굴비 한 번만 쳐다보라고 했다. 또 자기 농사에 거름으로 쓰기 위해 밖에서는 아무리 똥이 마려워도 집까지 참고 와서 눴다. 하지만 자린고비는 이렇게 지독하게 아끼고 아껴서 모은 재산을 자신이 죽기 전에 가난한 사람들에게 나누어 주었다. 자린고비는 돈을 지독하게 아끼는 구두쇠이지만 절약과 나눔의 진정한 의미를 알고 있는 것 같다.

자린고비의 모습을 보면서 나의 모습을 떠올려보았다. 나는 그동안 금 방 싫증을 내고 더 쓸 수 있는 학용품도 새로 사 달라고 했다. 유행에 따라 옷이 나 신발을 사 달라고 했던 내 모습이 부끄럽게 느껴졌다. 앉으로는 물건을 살 때 에는 그것이 나에게 꼭 필요한 것인지 여러 번 생각해야겠다. 그리고 용돈을 아 껴서 어려운 사람들을 도우며 자린고비 영감처럼 진정한 절약과 나눔을 실천해 야겠다.

> 주인공을 통해 깨달은 점이나 주인공의 인상 깊은 행동에서 배울 점을 드응을 써 봐.

정답과 해설

[생각 열기]

책을 읽고 난 뒤 주인공의 말이나 행동 중에서 인상 깊은 점을 생각나는 대로 써 보세요.

예 『자린고비』를 읽고

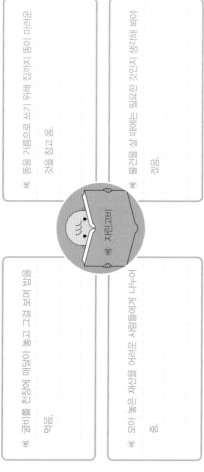

예 굴비를 천장에 매달아 놓고 그림 보며 밥을 먹음.

예 똥을 거름으로 쓰기 위해 집까지 똥이 마려운 것을 참고 옴.

예 모아 놓은 재산을 어려운 사람들에게 나누어 줌.

예 물건을 살 때에는 필요한 것인지 생각해 보아 샀음.

(tip) 독후감의 제목을 정하는 방법은 여러 가지가 있습니다. '[책 제목]을 읽고'부터 읽고'처럼 책 제목을 그대로 활용하거나 '책 한 줄 읽고 독서 와 독서 록' 등으로 붙부처럼 주인공이나 등장인물의 성격을 활용하는 방법이 있습니다. 또 작한 말을 하고 독 본문 줄거리처럼 재미있는 부분이나 감 동적인 부분을 활용해 독서 감상문의 제목을 정할 수도 있습니다.

> 읽은 책 중에서 주인공의 말이나 행동이 인상 깊어서 독서 감상문을 쓰고 싶은 책을 골라 봐.

[생각 정리]

생각나는 대로 쓴 것을 바탕으로 독서 감상문의 짜임에 맞춰 쓸 내용을 정리해 보세요.

처음
예 『자린고비』를 읽고

읽은 까닭
예 자린고비라는 글자가 눈에 띄어서

주인공의 인상 깊은 말이나 행동
예
· 굴비를 천장에 매달아 놓고 밥을 먹음.
· 똥을 거름으로 쓰기 위해 집까지 어려운 것을 참고 옴.
· 모아 놓은 재산을 어려운 사람들에게 나누어 줌.

주인공의 특성
예
· 돈을 지독하게 아끼는 구두쇠임.
· 절약과 나눔의 진정한 의미를 알고 있음.

생각·느낌
예
· 물건을 살 때에는 그것이 나에게 꼭 필요한 것인지 여러 번 생각하겠음.
· 용돈을 아껴서 어려운 사람들을 돕고 싶음.

위인 중심의 독서 감상문 쓰기

어떻게 쓸까요

책을 읽고 난 뒤 위인의 말이나 행동 중에서 인상 깊은 점을 생각나는 대로 써 봅니다.

생각 그물

헬렌 켈러

- 이젓을 적 열병을 앓아 보지도 듣지도 못함.
- 설리번 선생님을 만나 교육을 받음.
- 장애를 극복하고 자신처럼 몸이 불편한 사람들을 도움.
- "그 불가능은 극복되었습니다."라는 말로 장애인들에게 희망을 줌.

> 인물이 어떤 어려움을 겪었는지, 그것을 어떻게 참고 이겨 냈는지, 업적은 무엇인지 등을 써 봐.

생각 정리

생각나는 대로 쓴 것을 바탕으로 독서 감상문이 짜임에 맞춰 쓸 내용을 정리해 봅니다.

제목 「헬렌 켈러」를 읽고

처음 동기
- 이모가 읽어 보라고 권하셔서

줄거리

위인이 자라면서 겪은 일이나 훌륭한 점

- 태어난 지 19개월 때 심한 열병을 앓아 보지도 듣지도 말하지도 못하게 됨.
- 7살 때 설리번 선생님을 만나 교육을 받고 하버드 대학에 입학함.
- 전 세계를 돌아다니며 몸이 불편한 사람들을 위해 헌신함.

생각, 느낌
- "그 불가능은 극복되었습니다."라는 헬렌 켈러의 말이 기억에 남음.
- 항상 남보다 못하다는 생각에 사로잡혀 불평과 불만만 늘어놓던 나를 반성함.
- 당당하고 멋진 모습으로 성장하도록 노력하겠음.

(tip) 위인 중심으로 독서 감상문 쓰기에는 위인전을 읽어 보는 것이 좋습니다.

위인을 중심으로 독서 감상문을 쓸 때에는 위인의 성장 과정, 훌륭한 점, 업적, 본받고 싶은 점 등을 중심으로 써요.

정리한 내용을 바탕으로 위인 중심의 독서 감상문을 써 봅니다.

☞ 줄거리에 쓴 글자를 한 번 따라 써 보면 글쓰기에 도움이 됩니다.

글로 써 보기

제목 「헬렌 켈러」를 읽고

처음 동기

엄마 전 사회 복지사로 일하시는 이모가 읽어 보라며 책 한 권을 주셨다. 장애를 극복하고 전 세계 장애인들에게 희망을 준 헬렌 켈러 이야기였다.

줄거리

헬렌 켈러는 태어난 지 19개월 때 심한 열병을 앓아 보지도 듣지도 말하지도 못하는 장애를 갖게 된다. 아장아장 걷는 아기 때부터 앞을 못 보고 들리지 않고, 말도 하지 못하는데 배우기 시작한 것이다. 다행히 7살 때 설리번 선생님을 만나 읽고 쓰고 말하는 법을 배워 대화에 입학한다. 그 뒤 헬렌 켈러는 전 세계를 돌아다니며 몸이 불편한 사람들을 위해 평생을 바친다.

생각, 느낌

나는 사람들이 불가능하다고 고개를 저을 때마다 헬렌 켈러가 "그 불가능은 극복되었습니다."라고 말한 것이 가장 기억에 남는다. 나는 나도 자신감이 부족하고 남보다 못하다는 생각에서 도전해 볼만한 분야도 늘어놓기만 했다. 헬렌 켈러는 장애를 부끄러워하지 않았고, 언제 어디서든 당당했으며 오히려 남을 돕기까지 했다. 앞으로는 나도 남보다 못한다는 생각에서 벗어나 당당하고 멋진 모습으로 성장하도록 노력해야겠다.

> 위인에게 배우고 싶은 점이나 깨달은 점 또는 위인을 통해 생각이 어떻게 변화했는지를 쓰도록 해.

이렇게 써 봐요

생각 모으기

책을 읽고 난 뒤 위인의 말이나 행동 중에서 인상 깊은 점을 생각나는 대로 써 보세요.

예) 장영실

- 천민이라고 놀림을 당함.

- 자격루, 앙부일구, 측우기 등 다양한 물건을 만듦.

예)
- 손재주가 뛰어나 궁궐에 들어가 일하게 됨

- "나의 노력으로 백성들이 삶에 보탬이 된다면
매우 기쁜 일이다." 에서 백성을 위하는 마음
이 느껴짐.

> 인물이 어떤 어려움을 겪었는지,
> 그것을 어떻게 참고 이겨 냈는지,
> 업적은 무엇인지 등을 써 봐.

생각 정리

생각나는 대로 쓴 것을 바탕으로 독서 감상문의 짜임에 맞춰 쓸 내용을 정리해 보세요.

제목 예) 조선 시대 최고의 과학자, 『장영실』을 읽고

읽은 동기 예) 조선 시대의 유명한 과학자여서

위인이 자라면서 겪은 일이나 훌륭한 점

예)
- 관청의 노비로 일하면서 천민이라고 놀림을 당함.
- 부지런하고 손재주가 뛰어나 궁궐에 들어가 일하게 됨.
- 자격루, 앙부일구, 측우기 등 다양한 물건을 만들어 냄.
- 세종 대왕이 장영실이 만든 가마를 타고 가다가 가마가 부서짐

생각, 느낌 예)
- 백성의 어려움을 알고 도와주려는 마음이
감동적임.
- 조선 시대의 과학 발전에 큰 역할을 한 점
역실에게 고마움을 느낌.

글로 써 보기

정리한 내용을 바탕으로 위인 중심의 독서 감상문을 써 보세요.

예)
조선 시대 최고의 과학자, 『장영실』을 읽고

과학자와 관련된 책을 찾다가 조선 시대 때 과학자로 유명했던 장영
실에 대해 읽게 되었다.

장영실은 천민이라고 놀림을 받았지만 많은 일에 최선을 다하고 관
청이 노비로 일하면서 필요한 물건은 스스로 만들 정도로 창의적이었
다. 손재주가 뛰어나다는 소문 덕분에 궁궐에 들어가 세종 대왕을 도
와 여러 가지 물건을 발명했다. 물시계인 자격루, 해시계인 앙부일구,
세계 최초로 빗물의 양을 재는 도구인 측우기 등이 모두 장영실의 발
명품이다. 하지만 세종 대왕이 장영실이 만든 가마를 타고 가다가 가
마가 부서지는 사고가 나서 장영실은 궁궐에서 쫓겨나고 만다.

장영실의 발명품에는 백성을 위한 마음이 담겨 있다. 농민들이 홍수
때문에 피해를 입는 것이 안타까워 측우기를 만드는 등 물건 하나를
만들 때에도 백성의 어려움을 생각했다는 것이 감동적이었다. 만약 장
영실이 없었다면 조선 시대의 과학이 이렇게 발전할 수 있었을까? 조
선 시대의 과학 발전에 큰 역할을 한 장영실에게 고마움을 느꼈다.

> 위인에게 배우고 싶은 점이나
> 깨달은 점 또는 위인을 통해 내 생각이
> 어떻게 변화했는지를 쓰도록 해.

- 편지 형식의 독서 감상문을 쓸 때에는 편지 주인공이나 등장인물 중 한 사람을 고르고, 그 사람에게 하고 싶은 말을 편지 형식에 맞게 써요.
- 정리게 쓴 글감을 한편 따라 써 보면 글쓰기에 도움이 됩니다.

☞ 정리한 내용을 바탕으로 편지 형식의 독서 감상문을 써 봅니다.

글로 써 보기

방정환 아저씨께

아저씨, 안녕하세요? 저는 해남 초등학교에 다니는 이희준입니다. 『어린이를 사랑한 방정환』이라는 책을 읽고 아저씨에 대해 알게 되었어요.

아저씨, 어린이날을 만들어 주셔서 정말 고맙습니다. 저는 어린이날을 제일 좋아해요. 아빠, 엄마는 회사에 다니시느라 항상 바쁘신데 어린이날에는 하루 종일 저와 놀아 주시기 때문이에요. 아저씨는 아이들을 함부로 대하던 시절에 아이들을 존중하자는* 뜻으로 '어린이'라는 말도 만드셨죠? 또, 아이들을 위해 외국 동화를 우리말로 번역하여* 들려주셨다는 것도 알 수 있었어요.

아저씨처럼 우리 어린이를 사랑해 주는 어른이 많아지면 좋겠어요.

아저씨, 저도 아저씨의 바람대로 밝고 건강한 어린이로 자라도록 노력할게요. 항상 지켜봐 주세요. 그럼 안녕히 계세요.

20○○년 4월 20일

이희준 올림

* 존중하자는: 높이어 귀하게 대하자는.
* 번역하여: 어떤 언어로 된 글을 다른 언어의 글로 옮겨.

웃어른께는 높임말을 써야 해. 꼭 주인공이 아니더라도 인상 깊은 인물에게 편지를 써도 좋아.

 4회

편지 형식의 독서 감상문 쓰기

이렇게 쓸까요

책의 주인공이나 등장인물이 한 일과 하고 싶은 말을 생각나는 대로 써 봅니다.

생각 모으기

- 고마운 마음
- 외국 동화를 우리말로 번역하여 들려줌.

 방정환

- 어린이날을 만듦.
- 어린이날이 정말 기다려짐.

(tip) 편지의 형식은 '받을 사람 - 첫인사 - 전하고 싶은 말 - 끝인사 - 쓴 날짜 - 쓴 사람'입니다.

첫인사에는 자신을 소개하는 글을 써야 해.

생각 정리

생각나는 대로 쓴 것을 바탕으로 편지 형식에 맞춰 쓸 내용을 정리해 봅니다.

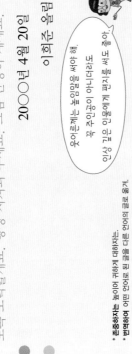

받을 사람: 방정환 아저씨

첫인사:
- 해남 초등학교에 다니는 이희준임.
- 책 『어린이를 사랑한 방정환』을 읽고 방정환 아저씨에 대해 알게 됨.

전하고 싶은 말:
- 어린이날을 만들어 주셔서 감사함.
- '어린이'라는 말을 처음으로 만드셨다는 것을 알게 됨.
- 외국 동화를 우리말로 번역하셨다는 것을 알게 됨.

끝인사:
- 어린이를 사랑하는 어른이 많아지면 좋겠음.
- 아저씨의 바람대로 밝고 건강한 어린이로 자라도록 노력하겠음.

쓴 날짜: 20○○년 4월 20일

쓴 사람: 이희준 올림

정리한 내용을 바탕으로 편지 형식으로 독서 감상문을 써 보세요.

글로 써 보기

예) 미리엘 신부님께

미리엘 신부님, 안녕하세요? 저는 별님 초등학교에 다니는 정수아입니다. 저는 『레 미제라블』을 읽고 신부님에 대해 알게 되었어요.

신부님은 19년 동안 감옥에서 살다 나온 장 발장에게 머물 것을 주고 잘 곳을 마련해 주셨지요. 또 장 발장이 은그릇을 훔쳤지만 이를 용서하고 새 사람이 되라고 부탁하셨어요. 저는 그런 신부님이 이해되지 않았어요, 죄를 지었으면 벌을 받아야 한다고 생각했기 때문이에요. 그런데 신부님 덕분에 장 발장이 잘못을 뉘우치고 새사람이 된 것을 보고, 용서도 큰 힘을 발휘할 수 있다는 것을 알았어요.

저는 신부님을 보면서 어제 친구와 싸웠던 일이 생각났어요. 친구가 작은 잘못을 했는데 제가 크게 화를 내고 말았거든요. 내일은 친구와 화해하고 더 친하게 지내도록 할게요.

신부님, 저도 신부님처럼 따뜻하고 넓은 마음을 갖도록 노력할게요. 그럼 안녕히 계세요.

20○○년 8월 15일

정수아 올림

웃어른께는 높임말을 써야 해. 꼭 주인공이 아니더라도 인상 깊은 인물에게 편지를 써도 좋아.

정답과 해설

이해써 보기

책의 주인공이나 등장인물이 한 일과 하고 싶은 말을 생각나는 대로 써 보세요.

인물 떠올리기

예) 감옥에서 나온 장 발장을 따뜻하게 맞이해 줌.

예) 용서의 힘을 알게 됨.

예) 미리엘 신부

예) 은그릇을 훔친 장 발장을 용서해 줌.

예) 친구와 화해하기로 함.

첫인사에는 자신을 소개하는 글을 써야 해.

생각 정리

생각나는 대로 쓴 것을 바탕으로 편지 형식에 맞춰 쓸 내용을 정리해 보세요.

받을 사람: 예) 미리엘 신부님

첫인사: 예) 별님 초등학교에 다니는 정수아임. 『레 미제라블』을 읽음.

전하고 싶은 말:
예) 감옥에서 나온 장 발장을 따뜻하게 맞아 준 것과 은그릇을 훔친 장 발장을 용서해 줌.
예) 서해 준 것이 이해되지 않았음.
예) 장 발장이 새사람이 된 것을 보고 용서의 힘을 알게 됨.
예) 어제 친구와 싸웠던 일이 생각남.

끝인사: 예) 좀 더 따뜻하고 넓은 마음을 갖도록 노력하겠음.

쓴 날짜: 예) 20○○년 8월 15일

쓴 사람: 예) 정수아 올림

독서 감상문 형식으로 일기 쓰기
5회 2주차

어떻게 쓸까요

책을 읽고 난 뒤 인상 깊은 장면이나 느낌을 써 봅니다.

생각 모으기
- 잠초는 생명력이 강함.
- 동물이나 곤충에게는 잠초가 꼭 필요함.
- 잠초를 약으로 쓰기도 함.
- 세상에 쓸모없는 건 없다는 것을 느끼게 됨.

잠초의 세계

생각 정리 생각나는 대로 쓴 것을 바탕으로 독서 감상문이 짜임에 맞춰 쓸 내용을 정리해 봅니다.

- 날짜, 요일: 20○○년 6월 18일 화요일
- 날씨: 해가 구름 속으로 숨음.
- 읽은 책 제목: 아버지께서 추천해 주심.
- 줄거리:
  - 잠초는 환경에 맞게 진화하여 생명력이 강함.
  - 잠초는 동물이나 곤충의 먹이가 감.
  - 약으로 쓰이는 잠초도 있음.
- 생각 느낌:
  - 세상에 쓸모없는 건 없으며, 다 각자의 역할이 있다는 것을 알게 됨.
  - 잠초에 대해 더 알고 싶음.

날씨를 쓸 때에는 날씨가 잘 드러나도록 재미있고 자세하게 써 봐.

독서 감상문 형식으로 일기를 쓸 때에는 먼저 독서 감상문을 쓸 책과의 날짜와 그날의 날씨, 일 기의 제목을 쓰고 책을 읽은 까닭, 책의 내용, 책을 읽고 난 뒤의 생각이나 느낌을 써요.

흐리게 쓴 글자를 한번 따라 써 보면 글쓰기에 도움이 됩니다.

글로 써 보기 정리한 내용을 바탕으로 독서 감상문 형식으로 일기를 써 봅니다.

- 날짜, 요일: 20○○년 6월 18일 화요일   날씨: 해가 구름 속으로 숨음.
- 제목: 『잠초의 세계』를 읽고

아버지께서 추천해 주신 『잠초의 세계』를 읽었다.
잠초를 뽑아도 계속 나는 것은 잠초가 환경에 맞게 진화하여*
생명력이 강하기 때문이다. 우리에게는 쓸모없어 보이지만 잠
초는 동물이나 곤충의 먹이가 되기 때문에 없어서는 안 된다.
또 옛날부터 지금까지 약으로 쓰이는 잠초도 있다고 한다.

이 책을 읽으며 잠초가 힘든 자연환경에서 살아남기 위해 필
사적인* 노력을 해 왔다는 것이 놀라웠다. 또 하찮고 쓸모없어
보이지만 다 각자의 역할이 있다는 것을 알았다. 이 책에 나온
것 말고 또 어떤 잠초들이 있을지 궁금하다. 주말에는 도서관
에 가서 잠초에 대한 책을 더 찾아봐야겠다.

*진화하여: 읽이나 사물 따위가 점점 발달하여 가서.
*필사적인: 죽음을 다함.

책을 읽고 난 뒤에는
새로 알게 된 점, 재밌 읽고 느낀 점,
더 알고 싶은 점 등을 써 봐.

[도전! 쓰기] 정리한 내용을 바탕으로 독서 감상문 형식으로 일기를 써 보세요.

날짜	2000년 9월 24일 목요일	날씨	바람이 선선함.

제목 『행복한 청소부』를 읽고

숙제를 미루다 저녁 늦게 하느라 기분이 우울했는데 표지에 그려진 청소부 아저씨의 표정이 너무 행복해 보여서 책을 읽게 되었다.

청소부 아저씨는 작가와 음악가의 거리를 청소하는 일을 했다. 아저씨는 자신의 일을 사랑했다. 그러던 어느 날, 자신이 그 거리에 대해 아는 게 없다는 걸 알고 작가와 음악가들에 대해 공부했다. 그 뒤 아저씨는 멋진 노래를 하기도 하고, 책의 구절을 중얼거리면서 청소를 했다. 그 거리 사람들이 몰려들었고, 아저씨는 유명해졌다. 어느 날 대학에서 강의를 해 달라는 요청이 들어왔지만 아저씨는 이를 거절하고 자신이 하던 청소 일을 즐거운 마음으로 계속했다.

이 책을 읽으면서 행복은 스스로 만들어 가는 것이라고 느꼈다. 만약 청소부 아저씨가 자신의 일을 부끄러워하고 일을 게을리했다면 불행한 청소부가 되었을 것이다. 나도 학교에 가는 게 힘들고 숙제를 하는 것이 귀찮다고 여기지만 말고, 내가 해야 할 일에 최선을 다하고 그 속에서 행복을 찾도록 노력해야겠다.

책을 읽고 난 뒤에는 새로 알게 된 점, 재미 있고 감동 받은 점, 더 알고 싶은 점 등을 써 봐.

[이렇게 써요] 책을 읽고 난 뒤 인상 깊은 장면이나 느낌을 써 보세요.

예 작가와 음악가 거리를 청소하는 청소부

예 작가와 음악가들에 대해 공부하면서 해야 함.

예 대학에서 강의를 해 달라고 요청하지만 거절 하고 계속 청소를 함.

예 행복한 청소부

예 자기가 하는 일에 행복을 느끼는 게 중요해요.

날씨를 쓸 때에는 날씨가 잘 드러나도록 자세하게 써 봐.

[생각 정리] 생각나는 대로 쓴 것을 바탕으로 독서 감상문의 짜임에 맞춰 쓸 내용을 정리해 보세요.

날짜와 요일 예 2000년 9월 24일 목요일

날씨 예 바람이 선선함.

책 제목 예 표지에 그려진 청소부 아저씨의 표정이 너무 행복해 보여서

내용 예
- 작가와 음악가들에 대해 공부하며 음악을 흥얼거림으로 불고, 책의 구절을 중얼거리며 청소를 함.
- 대학에서 강의를 해 달라고 요청하지만 거절하고, 계속 즐겁게 청소를 함.

생각/느낌 예
- 행복은 스스로 만드는 것임.
- 내가 해야 할 일에 최선을 다하고, 그 속에서 행복을 찾도록 노력해야겠음.

틀린 그림 찾기

해설 | 독서 감상문을 쓸 때에는 읽은 책의 제목을 써야 합니다.

독서 감상문을 쓰는 방법에 대해 알맞게 말을 하는 아이에게 ○표 하고,
두 그림에서 틀린 그림 찾기를 해 보세요.

힌트: 두 그림에는 옳은 글을 말하고 있는 사람 수만큼 틀린 그림이 있습니다.

- 주인공의 말이나 행동 중 인상 깊은 장면을 쓰면 돼.
- 책 내용을 간단히 정리해서 쓰면 돼.
- 책 제목은 쓰지 않아도 돼.
- 읽고 난 뒤 자신의 생각이나 느낌이 잘 드러나게 써야 해.

아는 알았어요

1 글 ⑦~⑭ 중에서 책을 알게 된 까닭이 나타난 부분을 찾아 기호를 쓰세요.

⑦ 평소 도깨비 이야기를 좋아해서 『향소와 도깨비』를 읽어 보았다.

⑭ 동생도 집으로 가는 길에 사냥에서 풀려 상처가 난 새끼 도깨비를 만난다. 새끼 도깨비는 향소 배 속에서 두 달만 살면 상처가 다 날 거라며 향소에게 배 속에 데려가게 해 달라고 하고, 착한 향소는 아무 조건 없이 이를 허락한다.

⑮ 이 책을 읽으며 아무런 조건 없이 불쌍한 도깨비를 도와준 도와준 향소가 행운을 얻게 된다는 내용이 인상적이었다. 우리 사회에도 다른 사람을 위해 묵묵히 도움의 손길을 내미는 사람들이 있다. 그 사람들에게도 도깨비처럼 뜻밖의 행운이 찾아가면 좋겠다.

해설 | 글 ⑦에는 책을 읽은 까닭이, 글 ⑭에는 책의 내용이, 글 ⑮에는 책을 읽고 난 뒤의 생각이나 느낌이 나타나 있습니다.

답 (⑦)

2 글 ⑦~⑭를 독서 감상문을 쓰는 순서에 맞게 기호를 쓰세요.

⑦ 나도 배린도 선수가 되고 싶은 꿈이 있다. 그런데 어려운 동작이 나오면 몇 번 연습하다가 금세 포기하고 만다. 하지만 조나단을 보면서 꿈을 이루기 위해서는 쉽게 포기하지 말고 계속 노력해야 한다는 것을 다시 한번 깨달았다.

⑭ 도서관에서 이달의 주천 도서들을 찾아보다가 파란 하늘을 멋지게 날아오르는 갈매기가 그려진 『갈매기의 꿈』이 내 눈길을 끌었다.

⑮ 주인공 조나단은 다른 갈매기들이 먹이를 구하는 것에만 관심이 있을 때 오로지 더 높이, 더 멀리 나는 비행 기술을 익히는 데에만 관심이 있다.

해설 | 글 ⑭는 책을 읽고 난 뒤 생각이나 느낌을, 글 ⑭는 책을 읽은 까닭을, 글 ⑮는 책을 읽은 뒤 생각이나 느낌을 쓴 것이므로 ⑭ → ⑮ → ⑦의 순서대로 씁니다.

답 (⑭) → (⑮) → (⑦)

(tip) 독서 감상문을 쓸 때에는 '책을 읽은 까닭 → 책 내용 → 책을 읽고 난 뒤 생각이나 느낌' 순서대로 써요.

4단계

쓰기가
문해력
이다

3주차 정답과 해설

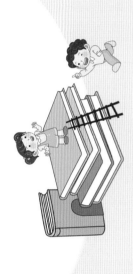

☆ 설명문은 설명하려는 대상에 대해 이해하기 쉽도록 쉽고 자세하게 쓴 글이에요. 설명문은 사실을 바탕으로 써야 하며, 글쓴이의 생각이나 의견, 주장 등이 들어가면 안 돼요.

☆ 정리해 쓴 글자를 한번 따라 써 보면 글쓰기에 도움이 됩니다.

글로 써 보기
정리한 내용을 바탕으로 사실 중심의 설명문을 써 봅니다.

제목
사람보다 뛰어난 개의 능력

처음
인간과 친한 동물 중 으뜸은 개입니다. 개는 사람보다 뛰어난 능력이 있습니다. 어떤 것들이 있을까요?

가운데
개는 소리를 잘 듣습니다. 듣는 능력이 사람의 4배나 되고, 소리가 나는 방향으로 귀를 움직일 수 있어서 작은 소리도 금방 알아듣습니다. 사람이 10미터 떨어진 곳에서 겨우 알아듣는 소리를 개는 40미터 떨어진 곳에서도 들을 수 있습니다.

개는 냄새를 잘 맡습니다. 사람보다 후각이 잘 발달되어서 한번 맡은 냄새를 잘 기억합니다. 뛰어난 후각으로 사냥감을 찾고, 자기 세력을 쉽게 찾을 수 있습니다.

개는 사람을 알아보는 능력이 뛰어납니다. 무려 1,500미터 앞에 있는 사람의 움직임을 알아차릴 수 있습니다.

끝
이처럼 개는 사람보다 소리를 듣는 능력, 냄새를 맡는 능력, 사람을 알아보는 능력이 뛰어납니다.

(tip) 가운데 부분에서는 중심 내용이 비교적 명확하게 문단을 바꾸어 씁니다. 이 글에서는 '개는 소리를 잘 듣습니다.', '개는 냄새를 잘 맡습니다.', '개는 사람을 알아보는 능력이 뛰어납니다.'가 각 문단의 중심 내용입니다.
*후각: 냄새를 맡는 감각.

> 글을 쓸 때에는 먼저 중심 내용을 쓴 다음, 중심 내용을 뒷받침하는 세부 내용을 쓰는 거야.

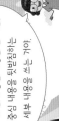

사실 중심의 설명문 쓰기 1

어떻게 쓸까요

(tip) 사실 중심의 설명문은 백과사전이나 과학책처럼 대상에 대해서 그 특징을 자세히 설명하는 글입니다.

생각 모으기
동물이나 식물 중 설명하고 싶은 것을 정해서 생각나는 대로 써 봅니다.

개의 뛰어난 능력
- 사람을 알아보는 능력이 뛰어나요.
- 소리를 잘 들음.
- 냄새를 잘 맡음.

> 제목은 설명하려는 대상이 잘 드러나도록 써요.

생각 정리
생각나는 대로 쓴 것을 바탕으로 설명문의 짜임에 맞춰 쓸 내용을 정리해 봅니다.

제목
사람보다 뛰어난 개의 능력

처음
개의 뛰어난 개의 능력

(tip) 처음 부분에는 설명하려는 대상이나 설명하려는 글을 쓴 까닭을 쓰고, 가운데 부분에는 각 문단에서 설명하는 글을 쓴 까닭을 씁니다.

가운데

중심 내용
- 소리를 잘 들음.
세부 내용
- 듣는 능력이 사람의 4배임.

중심 내용
- 냄새를 잘 맡음.
세부 내용
- 사람보다 후각이 잘 발달되어 있음.

끝

중심 내용
- 사람을 알아보는 능력이 뛰어남.
세부 내용
- 1,500미터 앞에 있는 사물이 움직임을 알아차림.

(tip) 끝부분에는 기본에 설명한 내용을 간단하게 정리합니다.

개는 사람보다 소리를 듣는 능력, 냄새를 맡는 능력, 사람을 알아보는 능력이 뛰어남.

오늘의 미션

글로 써 보기
정리한 내용을 바탕으로 사물 중심의 설명문을 써 보세요.

예) 개미의 세상

'부지런한 곤충' 하면 떠오르는 개미. 개미는 어떤 특징을 가지고 있을까요?

개미의 몸은 머리, 가슴, 배 세 부분으로 이루어져 있습니다. 머리에는 눈, 더듬이, 입 등이 있고 가슴에는 여섯 개의 다리가 있습니다.

개미가 하는 일에 따라 일개미, 여왕개미, 수개미로 나눌 수 있습니다.

일개미는 집을 짓고, 먹이를 구하고, 여왕개미와 어린 개미들을 돌보는 등 많은 일을 합니다. 여왕개미는 개미 중에서 유일하게 알을 낳는 일만 합니다. 수개미는 여왕개미와 짝짓기를 해서 알을 낳을 수 있도록 도와줍니다.

개미는 방이 여러 개인 집을 짓습니다. 주로 땅속이나 나무줄기 안에 짓는데, 집 속에는 여왕개미가 사는 방, 알을 돌보는 방, 애벌레가 자라는 방, 먹이를 모아 두는 방 등이 있습니다.

이처럼 개미는 집단으로 모여 살며 각자 맡은 역할을 충실히 해내는 곤충입니다.

가운데 부분을 쓸 때에는 각 문단을 잘 구분해서 써야 해. 먼저 중심 내용을 쓴 다음, 중심 내용을 뒷받침하는 세부 내용을 쓰는 거야.

(tip) 설명하는 글의 글감은 매우 다양해요. 설명하려는 대상을 이유로 함께 생각해 보도록 합니다.

이야기 나누기

생각 열기
동물이나 식물 중 설명하고 싶은 것을 정해서 생각나는 대로 써 보세요.

개미의 특징
- 예) 몸은 머리, 가슴, 배로 이루어짐.
- 예) 일개미, 여왕개미, 수개미가 있음.
- 예) 방이 여러 개인 집을 지음.

(tip) 설명 대상을 정할 때에는 관심이 있는 동식물이나 좀 더 알아보고 싶은 동식물로 정하도록 합니다.

생각 정리
생각나는 대로 쓴 것을 바탕으로 설명문의 짜임에 맞춰 쓸 내용을 정리해 보세요.

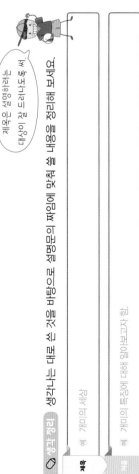

제목은 설명하려는 대상이 잘 드러나도록 써.

제목 예) 개미의 세상

처음 예) 개미의 특징에 대해 알아보고자 함.

가운데

중심 내용 예) 몸은 머리, 가슴, 배로 이루어짐.
세부 내용 예) 머리에는 눈과 더듬이가 있고, 가슴에는 다리가 있음.

중심 내용 예) 일개미, 여왕개미, 수개미가 있음.
세부 내용
- 예) 일개미는 많은 일을 함
- 예) 여왕개미는 알을 낳음
- 예) 수개미는 알을 낳을 수 있도록 도와줌.

중심 내용 예) 방이 여러 개인 집을 지음.
세부 내용 예) 여왕개미가 사는 방, 알을 돌보는 방, 애벌레가 자라는 방, 먹이를 모아 두는 방 등이 있음.

끝 예) 집단으로 모여 살며 각자 맡은 역할을 해내는 곤충임.

사실 중심의 설명문을 쓸 때에는 대상에 대해 꼭 알려 주고 싶은 것을 써요. 누구나 아는 사실보다는 읽는 사람이 모르는 내용이나 호기심을 가질 만한 내용을 쓰는 것이 좋아요.

★ 정리한 내용을 바탕으로 사실 중심의 설명문을 써 봅니다.

글로 써 보기

⬤ 중요하게 쓴 글자를 한번 따라 써 보면 글쓰기에 도움이 됩니다.

아름다운 서산시

처음 충청남도 서부 태안반도에 위치한 서산시에 대해 알아볼까요?

가운데 서산시에는 볼거리가 많습니다. 드넓은 갯벌은 서산시의 자랑입니다. 끝없이 펼쳐진 갯벌에서 바지락 체험 등을 할 수 있습니다. 웅도해변과 코끼리바위가 유명한 황금산은 손을 잡고 나지막한 산으로, 바다 한가운데 우뚝 솟아 있어 마치 섬처럼 보입니다.

서산시에는 역사책에서 볼 수 있는 문화재가 많습니다. 특히 해미읍성은 조선 시대 읍성 중 성곽이 가장 잘 보존되어 있고, 조선 후기에 천주교 신자들이 순교한 곳으로 유명합니다. 백제 때 지어진 개심사는 '마음을 여는 절'이라는 뜻으로, 사계절 내내 아름다운 경관을 자랑합니다.

끝 이처럼 서산시에는 다른 곳에서 볼 수 없는 독특한 볼거리와 여러 가지가 있는 문화재가 많습니다.

설명문은
사실을 바탕으로 쓴 글이므로,
자료를 바탕으로 아는 사실을
그대로 써야 해.

* **반도** 삼면이 바다로 둘러싸이고 한 면은 육지에 연결된 땅.
* **읍성** 한 도시 전체에 성벽을 쌓아 만든 성.
* **순교한** 종교를 가진 사람이 자기의 신앙을 지키기 위해 목숨을 버린.

어떻게 쓸까요

사실 중심의 설명문 쓰기 2

★ 우리 지역에 대해 설명하고 싶은 것을 정해서 생각나는 대로 써 봅니다.

생각 모으기

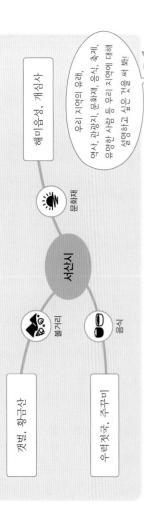

우리 지역의
역사, 자랑거리, 문화재, 음식, 축제, 유명한 사람 등 우리 지역에 대해 설명하고 싶은 것을 써 봐.

서산시

문화재 — 해미읍성, 개심사

볼거리 — 갯벌, 황금산

음식 — 우럭젓국, 주꾸미

생각 정리

생각나는 대로 쓴 것을 바탕으로 설명문의 짜임에 맞춰 쓸 내용을 정리해 봅니다.

제목 아름다운 서산시

처음 서산시에 대해 알리고자 함. (tip) 처음 부분에는 설명하려는 대상이나 설명하는 글을 쓴 까닭을 씁니다.

가운데

중심 내용
• 볼거리가 많음.

세부 내용
• 드넓은 갯벌은 서산시의 자랑임.
• 황금산은 웅도해변과 코끼리바위가 유명함.

중심 내용
• 역사책에서 볼 수 있는 문화재가 많음.

세부 내용
• 해미읍성은 성곽이 잘 보존되어 있고, 조선 후기에 천주교 신자들이 순교한 곳임.
• 개심사는 백제 때 지어진 절임.

끝 서산시에는 독특한 볼거리와 문화재가 많음.

글 써 보기

정리한 내용을 바탕으로 사실 중심의 설명문을 써 보세요.

예) 설악산과 동해를 품은 속초시.

강원도에 위치한 산과 바다의 도시, 속초시에 대해 알아볼까요?

속초시는 아버이순대와 명태회냉면이 유명합니다. 동해에 있는 도시
중 북쪽에 가까워 북한 음식들이 발달했습니다. 아버이순대는 돼지 창자
에 찹쌀밥, 선지, 채소 등을 넣어 쪄낸 음식입니다. 명태회냉면은 명태 살
을 매콤달콤하게 무쳐 냉면 위에 얹어 먹습니다.

속초시는 영금정과 설악산이 유명합니다. 영금정은 파도가 바위에 부
딪혀 나는 소리가 거문고 소리 같다고 하여 붙여진 이름입니다. 바닷가
바위 위에 세워져 마치 바다 위에 서서 바다를 구경하는 듯한 느낌이 듬
니다. 설악산은 우리나라에서 세 번째로 높은 산으로, 음력 8월 한가위에
눈이 내리기 시작하는 눈이 다음 해 6월이 되어서야 녹는다고 하여 눈이 이름
다운 큰 산이라는 뜻의 '설악'이라고 불렀습니다.

이처럼 속초시는 아름다운 산과 바다, 맛있는 음식을 동시에 즐길 수
있는 곳입니다.

설명문은
사실을 바탕으로 알 수 있는 사실을
자료를 바탕으로
그대로 써야 해.

(tip) 속초시는 한국전쟁 이후 북쪽이 고향인 실향민들이 모여 인구 구성의 큰 부분을 차지하고 있는 도시입니다.

생각 모으기

우리 지역에 대해 설명하고 싶은 것을 정해서 생각나는 대로 써 보세요.

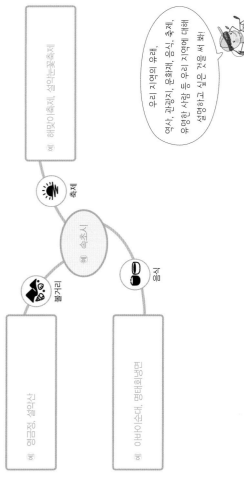

축제 — 예) 해맞이축제, 설악눈꽃축제

속초시

볼거리 — 예) 영금정, 설악산

음식 — 예) 아버이순대, 명태회냉면

우리 지역의 유래,
역사, 관광지, 문화재, 음식, 축제,
유명한 사람 등 우리 지역에 대해
설명하고 싶은 것을 써 봐!

생각 정리하기

생각나는 대로 쓴 것을 바탕으로 설명문의 짜임에 맞춰 쓸 내용을 정리해 보세요.

제목 | 예) 설악산과 동해를 품은 속초시

처음 | 예) 속초시에 대해 알리고자 함.

가운데

중심 내용	예) 아버이순대와 명태회냉면이 유명함.
세부 내용	예) • 아버이순대는 돼지 창자에 찹쌀밥, 선지, 채 • 명태회냉면은 명태 살을 매콤달콤하게 무쳐 냉면 위에 얹어 먹음.

중심 내용	예) 영금정과 설악산이 유명함.
세부 내용	예) • 영금정은 파도가 바위에 부딪혀 나는 소리 이름임. • 설악산은 우리나라에서 세 번째로 높은 산임.

끝 | 예) 이름다운 산과 바다, 맛있는 음식을 동시에 즐길 수 있음.

일의 순서를 일러 주는 설명문은 떡볶이를 만드는 방법, 쨈을 바르는 방법, 장난감 조립 방법과 같이 먼저 할 일과 나중에 할 일을 차례대로 일러 주는 글이에요.

✿ 흐리게 쓴 글자를 한번 따라 써 보면 글쓰기에 도움이 됩니다.

글로 써 보기 | 정리한 내용을 바탕으로 순서를 일러 주는 설명문을 써 봅니다.

참치주먹밥 만들기

처음
바쁘신 부모님을 위해 맛있는 음식을 만들어 보기로 해요. 참치주먹밥을 맛있게 만드는 방법을 잘 따라 해 보세요.

가운데
먼저, 밥, 참치, 마요네즈, 김 가루, 깨 등을 준비합니다. 이때 참치는 체에 밭쳐서* 기름을 쏙 빼 줍니다.

다음으로, 밥에 참치, 마요네즈, 깨를 넣고 고루 섞습니다. 만약 좋아하는 다른 재료가 있다면 재료를 섞을 때 넣으면 됩니다.

너무 꾹꾹 누르지 않으면 밥알이 뭉개질* 수 있으니 살살 섞습니다.

그리고, 재료를 잘 섞은 밥을 조금 떼어 손으로 꾹꾹 뭉친 다음 동글동글하게 빚습니다.

마지막으로, 김 가루가 담긴 접시에 굴려 김 가루를 골고루 묻습니다.

헤 예쁜 그릇에 담습니다.

끝
어때요? 참치주먹밥 만들기 참 쉽지요? 오늘 저녁에는 맛있는 참치주먹밥을 만들어 온 가족이 함께 드셔 보세요.

* 밭쳐서: '먼저, 다음으로, 그리고, 마지막으로' 등과 같이 순서를 나타내는 말을 넣어 씁니다. 중요한 부분을 설명하는
* 뭉개질: 용개질 문질러서 으깨질

일의 순서를 일러 주는 중 때에는 순서대로 차근차근 써야 해. 순서를 바꾸어 설명하면 읽는 사람이 잘못 이해할 수 있어.

(tip) 일의 순서가 잘 드러나도록 써도 중요한 부분을 설명을 넣어 씁니다. 예를 들어 참치주먹밥을 만들 때 중요하게 추가하여 자세히 써도 됩니다.

3주차 3회 순서를 알려 주는 설명문 쓰기

어떻게 쓸까요

생각 모으기 | 순서를 알려 주고 싶은 것을 정해서 생각나는 대로 써 봅니다.

참치주먹밥 만들기

재료 준비하기 → 재료 섞기

김 가루 묻히기 ← 동글동글하게 빚기

일의 순서를 몇 부분으로 나누어 가장 먼저 할 일과 나중에 할 일을 정해 봐.

생각 정리 | 생각나는 대로 쓴 것을 바탕으로 설명문의 짜임에 맞춰 쓸 내용을 정리해 봅니다.

참치주먹밥 만들기

제목	
처음	참치주먹밥을 맛있게 만드는 방법을 따라 해 보기 바람.
가운데	① 밥, 참치, 마요네즈, 김 가루, 깨 등을 준비함. 참치는 체에 밭쳐서 기름을 뺌.
	② 밥에 참치, 마요네즈, 깨를 넣고 고루 섞음. 꾹꾹 누르지 말고 살살 섞음.
	③ 재료를 섞은 밥을 조금 떼어 손으로 꾹꾹 뭉친 다음 동글동글하게 빚음.
	④ 김 가루가 담긴 접시에 굴려 김 가루를 골고루 묻힘.
끝	저녁에 참치주먹밥을 만들어 온 가족이 먹기를 바람.

(tip) 일의 순서가 잘 드러나도록 써도 중요한 순서를 중심으로 씁니다. 예를 들어 참치주먹밥을 만들 때 중요하 지 않은 부분은 생략할 수 있습니다.

글로 쓰기 | 정리한 내용을 바탕으로 순서를 알려 주는 설명문을 써 보세요.

예) 교통 카드 충전하기*

바스나 지하철을 타려면 교통 카드가 필요합니다. 교통 카드에 돈이 남아 있지 않을 때 교통 카드를 이렇게 충전하는지 알아보려고 합니다.

먼저, 충전하는 기계에 교통 카드를 올려놓습니다.

다음으로, 충전하려는 금액을 선택합니다. 만약 원하는 금액 버튼이 없으면 '기타' 버튼을 눌러서 금액을 직접 입력합니다.

그리고, 선택한 금액에 맞게 돈을 넣습니다. 초록색 불이 들어온 곳에 넣으면 됩니다.

마지막으로, 완료되었다는 글자가 뜨면 교통 카드와 거스름돈을 챙깁니다.

※ 충전 중에는 교통 카드를 빼면 안 됩니다.

예전에는 사람이 직접 해 주던 충전을 요즘에는 기계로 충전하는 곳이 많습니다. 이제부터는 기계로 충전할 때 당황하지 말고 교통 카드 충전 방법을 잘 기억해 두었다가 자근거는 충전해 보도록 하세요.

*충전하기 교통 카드 따위를 사용할 수 있게 돈이나 그것에 해당하는 것을 채우기

> 일의 순서를 알려 줄 때에는 순서대로 차근차근 써야 해. 순서를 바꾸어 설명하면 읽는 사람이 잘못 이해할 수 있거든.

(tip) 글의 끝부분에는 가운데 부분에서 설명한 내용을 정리하거나 당부하고 싶은 말을 씁니다.

생각 정리 | 생각나는 대로 쓴 것을 바탕으로 설명문의 짜임에 맞춰 쓸 내용을 정리해 보세요.

제목 | 예) 교통 카드 충전하기

처음 | 예) • 바스나 지하철을 탈 때 교통 카드가 필요함.
• 교통 카드를 충전하는 방법을 알려 주려고 함.

가운데 | 예) ① 충전하는 기계에 교통 카드 올려놓기
② 충전하려는 금액 선택하기
③ 선택한 금액에 맞게 돈 넣기
④ 완료되었다는 글자가 뜨면 교통 카드와 거스름돈 챙기기

끝 | 예) 기계로 충전할 때 당황하지 않도록 교통 카드 충전 방법을 잘 기억해 두라는 바람.

> 일의 순서를 몇 부분으로 나누어 가장 먼저 할 일과 나중에 할 일을 정해 봐.

이렇게 써 봐요

생각 모으기 | 순서를 알려 주고 싶은 것을 정해서 생각나는 대로 써 보세요.

예) 교통 카드 충전하기

예) 교통 카드 올려놓기

예) 충전 금액 선택하기

예) 돈 넣기

예) 교통 카드와 거스름돈 챙기기

(tip) 일이 순서가 잘 드러나도록 쓰되 중요한 순서를 중심으로 씁니다.

일의 방법을 알려 주는 설명문은 물건의 사용 방법, 전기 절약 방법 등과 같이 일이 일어나는 순서와 관계없이 꼭 알아야 할 점이나 주의할 점을 설명하는 글이에요.

글로 써 보기

▶ 흐리게 쓴 글자를 한번 따라 써 보면 글쓰기에 도움이 됩니다.

정리한 내용을 바탕으로 방법을 알려 주는 설명문을 써 봅니다.

가습기 사용법

처음 겨울철에는 가습기를 틀어 집 안의 습도를 알맞게 유지하면 건강에 도움을 주지만 잘못 사용하면 오히려 건강을 해칠 수 있습니다. 가습기의 올바른 사용법은 무엇인지 알아봅시다.

가운데 첫째, 가습기는 얼굴에서 최소 2미터 이상 떨어진 곳에 둡니다. 사람과 너무 가까우면 코와 목에 나쁜 영향을 줄 수 있습니다.

둘째, 정수기 물이 아닌 수돗물을 사용합니다. 수돗물에는 세균을 죽이는 약 처리가 되어 있지만 정수기 물은 그렇지 못합니다.

셋째, 하루에 두세 번 장문을 열어 실내 환기를 시킵니다. 가습기에서 나온 수증기가 공기 중에 떠다니면 집 안에 습기가 차서 곰팡이가 생길 수 있기 때문입니다.

끝 이와 같이 가습기의 올바른 사용법을 잘 알고 실천하여 건강한 생활을 하기 바랍니다.

* 습도: 공기 가운데 수증기가 들어 있는 정도.
* 환기: 탁한 공기를 맑은 공기로 바꿈.

읽는 사람이 이해하기 쉽도록 쉬운 낱말을 사용하고, 문장은 짧지 않게 쓰도록 해.

(tip) 주의할 점은 몇 가지로 나누고, 왜 그래야 하는지 까닭을 들어 설명합니다.

4회 (3주차)

방법을 알려 주는 설명문 쓰기

어떻게 쓸까요

생각 모으기 방법을 알려 주고 싶은 것을 정해서 생각나는 대로 써 봅니다.

가습기 사용법 / 사람과 거리 두기 / 환기하기 / 수돗물 사용하기

설명하는 대상에 대해 꼭 알아야 할 점이나 주의할 점을 몇 가지로 나누어 써 봐. 그렇게 해야 하는 까닭을 함께 쓰면 읽는 사람이 더 잘 이해할 수 있겠지?

(tip) 설명하는 대상에 대해 꼭 알아야 할 점이나 주의할 점을 몇 가지로 나누어 써 봅니다.

생각 정리 생각나는 대로 쓴 것을 바탕으로 설명문의 짜임에 맞춰 쓸 내용을 정리해 봅니다.

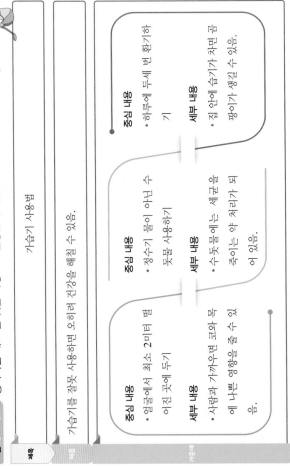

제목 가습기 사용법

처음 가습기를 잘못 사용하면 오히려 건강을 해칠 수 있음.

가운데

중심 내용
- 얼굴에서 최소 2미터 떨어진 곳에 두기

세부 내용
- 사람과 가까우면 코와 목에 나쁜 영향을 줄 수 있음.

중심 내용
- 정수기 물이 아닌 수돗물 사용하기

세부 내용
- 수돗물에는 세균을 죽이는 약 처리가 되어 있음.

중심 내용
- 하루에 두세 번 환기하기

세부 내용
- 집 안에 습기가 차면 곰팡이가 생길 수 있음.

끝 가습기의 올바른 사용법을 잘 알고 실천하여 건강한 생활을 하기 바람.

글쓰기

글 써 보기 정리한 내용을 바탕으로 방법을 알려 주는 설명문을 써 보세요.

예) 고슴도치를 잘 키우는 법

고슴도치를 반려동물*로 삼고 싶다면 고슴도치를 기를 때 주의할 점을 잘 기억하세요.

첫째, 집을 따뜻하게 해 주어야 합니다. 고슴도치는 추위에 매우 약하기 때문에 추운 베란다에서 키우면 안 됩니다.

둘째, 하나의 집에는 한 마리만 키웁니다. 고슴도치는 혼자 생활하는 것을 좋아합니다. 만약 고슴도치가 두 마리 있다면 따로따로 집을 마련해 주어야 합니다.

셋째, 챗바퀴 같은 기구를 넣어 줍니다. 고슴도치는 비만*에 걸리기 쉽기 때문에 항상 몸을 움직일 수 있도록 해 주어야 합니다.

고슴도치를 기를 때 주의할 점을 잘 알아 두고 고슴도치를 건강하게 잘 키우기 바랍니다.

읽는 사람이 이해하기 쉽도록 쉬운 낱말을 사용하고, 문장은 짧게 쓰도록 해.

*반려동물: 사람이 정서적으로 의지하고자 가까이 두고 기르는 동물. 개, 고양이, 새 따위.
*비만: 살이 쪄서 몸이 뚱뚱함.

이어쓰기

생각 모으기 방법을 알려 주고 싶은 것을 정해서 생각나는 대로 써 보세요.

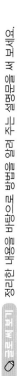

예) 하나의 집에는 한 마리만 키움.

예) 고슴도치를 잘 키우는 법

예) 집을 따뜻하게 해 줌.

예) 챗바퀴 같은 기구를 넣어줌.

생각 정리 생각나는 대로 쓴 것을 바탕으로 설명문이 짜임에 맞춰 쓸 내용을 정리해 보세요.

설명하는 대상에 대해 꼭 알아야 할 점이나 주의해할 점을 써. 그렇게 해야 하는 까닭을 함께 쓰면 읽는 사람이 더 잘 이해할 수 있겠지?

제목　예) 고슴도치를 잘 키우는 법

머리말　예) 고슴도치를 기를 때 주의할 점을 알려 주려고 함.

중심 내용	중심 내용	중심 내용
예) 집을 따뜻하게 해 줌.	예) 하나의 집에는 한 마리만 키움.	예) 챗바퀴 같은 기구를 넣음
세부 내용	**세부 내용**	**세부 내용**
예) 추위에 매우 약하기 때문임.	예) 혼자 생활하는 것을 좋아하기 때문임.	예) 쉽게 살이 찔 수 있기 때문임.

맺음말　예) 고슴도치를 건강하게 잘 키우기 바람.

5회 편지 형식으로 설명문 쓰기

어떻게 쓸까요

(tip) 편지는 '거음말을 쓰는 사람, 첫인사~가운데(전하고 싶은 말), 끝맺음사, 쓴 날짜, 쓴 사람)'이라는 기본 형식이 있습니다.

생각 모으기
우리나라의 음식이나 명절 중에서 외국 친구에게 설명하고 싶은 것을 정해서 써 봅니다.

(tip) 우리나라를 그리고 상대방에게 편지를 쓰는 이유를 분명하게 밝혀 쓰는 것이 중요합니다.

한 가지를 골라 상대방에게 편지를 쓰는 이유를 분명하게 밝혀 쓰는 것이 중요합니다.

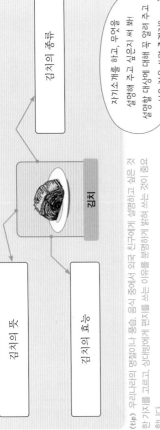

김치의 뜻 — 김치 — 김치의 종류

김치의 효능

자기소개를 하고, 무엇을 설명해 주고 싶은지 써 봐! 설명할 대상에 대해 꼭 알려 주고 싶은 점은 무엇일까?

생각 정리
생각나는 대로 쓴 것을 바탕으로 편지 형식에 맞춰 쓸 내용을 정리해 봅니다.

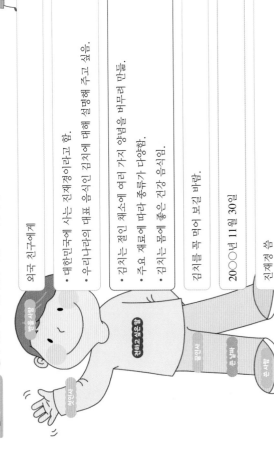

받을 사람 / 첫인사
외국 친구에게
- 대한민국에 사는 친구 진재경이라고 함.
- 우리나라의 대표 음식인 김치에 대해 설명해 주고 싶음.

전하고 싶은 말
- 김치는 절인 채소에 여러 가지 양념을 버무려 만듦.
- 주요 재료에 따라 종류가 다양함.
- 김치는 몸에 좋은 건강 음식임.

끝맺음사
김치를 꼭 먹어 보길 바람.

쓴 날짜
20○○년 11월 30일

쓴 사람
진재경 씀

편지 형식의 설명문을 쓸 때에는 반드시 읽는 사람이 궁금해할 만한 내용을 써요. 받는 사람이 궁금증을 느낄 수 있는 대상을 정하고, 그 대상에 대해 사실을 바탕으로 자세히 써요.

✿ 흐리게 쓴 글자를 한번 따라 써 보면 글쓰기에 도움이 됩니다.

글로 써 보기 정리한 내용을 바탕으로 편지 형식의 설명문을 써 봅니다.

받을 사람 / 첫인사

외국 친구에게

친구야, 안녕? 나는 대한민국에 사는 진재경이라고 해. 우리나라의 대표 음식인 김치에 대해 설명해 주고 싶어서 이렇게 편지를 썼어.

전하고 싶은 말

김치는 배추나 무 같은 채소를 소금에 절인* 다음 고춧가루, 마늘, 파 등 여러 가지 양념을 버무려* 만든 음식이야.

김치는 주요 재료에 따라 종류도 매우 다양하단다. 배추로 만든 배추김치, 열무로 만든 열무김치, 파로 만든 파김치, 갓으로 만든 갓김치, 오이로 만든 오이소박이, 무로 만든 깍두기 등 종류가 셀 수 없이 많아.

김치는 우리 몸에도 좋은 건강 음식이란다. 김치가 익는 동안 유산균*이 생기는데, 이것이 몸속의 해로운 균을 없애 준다고 해. 또 김치는 비타민과 칼슘 등 영양소도 풍부해.

나는 네가 김치를 꼭 한번 먹어 보았으면 좋겠어. 만약 김치를 먹게 된다면 나에게 답장을 보내 주면 고맙겠어. 그럼 안녕!

끝맺음사

쓴 날짜
20○○년 11월 30일

쓴 사람
진재경 씀

* **절인** 푸성귀나 생선 따위를 소금기나 식초, 설탕 따위에 담가 맛이 배어들게 함.
* **버무려** 여러 가지를 한데에 뒤섞어.
* **유산균** 우리 몸을 건강하게 도와주는 작은 생물.

편지는 글로 주고받는 대화이므로 상대방과 대화하듯이 자연스럽게 써도 돼. 하지만 상대방이 웃어른일 경우에는 예의를 꼭 지켜야 해.

글로 써 보기

정리한 내용을 바탕으로 편지 형식의 설명문을 써 봅니다.

예 **외국 친구에게**

친구야, 안녕? 나는 대한민국에 사는 하인아라고 해. 우리나라의 대표 명절인 추석에 대해 설명해 주고 싶어서 이렇게 편지를 썼어.

추석은 매년 음력 8월 15일이야. 우리는 '한가위'라고도 부른단다. 봄에서 여름 동안 기른 곡식과 과일들을 수확하는 시기라서 일 년 중에서 가장 즐겁고 풍족한 때란다.

추석에는 송편과 햇과일을 먹어. 아주 맛있단다. 햇과일은 그해 가을에 수확한 과일인데 주로 사과, 배, 감, 밤 등을 먹어.

추석날 아침에는 조상들께 감사하는 마음으로 여러 가지 음식을 준비해서 차례를 지내. 차례를 지낸 다음에는 조상의 산소에 가서 성묘를 한단다.

너희 나라에는 추수 감사절이 있지? 추수 감사절은 어떤 날인지 궁금해. 해, 답장 부탁한다. 그럼 안녕!

*차례: 명절이나 특별한 날을 맞아 낮에 지내는 간단한 제사.
*성묘: 조상의 산소를 찾아 인사를 하고 손소를 돌봄.

20〇〇년 9월 30일
하인아 씀

> 편지는 글로 주고받는 대화이므로 상대방과 대화하듯이 자연스럽게 써도 돼. 하지만 상대방이 웃어른일 경우에는 예의를 꼭 지켜야 해.

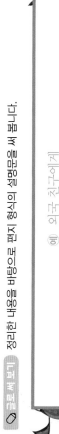

이야기 써 보기

생각 모으기

우리나라의 음식이나 명절 중에서 외국 친구에게 설명하고 싶은 것을 정해서 설명글이 생각나는 대로 써 보세요.

예 음력 8월 15일

예 송편, 햇과일

예 차례, 성묘

예 추석

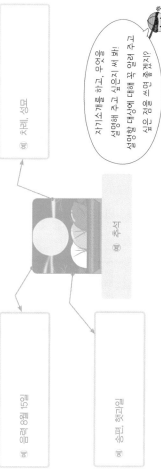

> 자기소개를 하고, 무엇을 설명해 주고 싶은지와 설명할 대상에 대해 꼭 알려 주고 싶은 점을 쓰면 좋겠지?

생각 정리

생각나는 대로 쓴 것을 바탕으로 편지 형식에 맞춰 쓸 내용을 정리해 보세요.

외국 친구에게

[받을사람]
예 • 대한민국에 사는 하인아라고 함.
• 우리나라의 대표 명절인 추석에 대해 설명해 주고 싶음.

[첫인사]

[전하고 싶은 말]
예 • 추석은 음력 8월 15일이며 '한가위'라고도 함.
• 곡식과 과일들을 수확하는 시기라서 일 년 중에서 가장 즐겁고 풍족한 때임.
• 송편과 햇과일을 먹음.
• 차례를 지내고, 성묘를 감.

[끝인사]
예 • 추수 감사절은 어떤 날인지 궁금함.

[쓴 날짜]
예 20〇〇년 9월 30일

[쓴 사람]
예 하인아 씀

참 잘했어요

숨은 그림 찾기

소풍에 가져갈 물건을 찾아 색칠해 보세요.

해설 | 소풍에 가져가고 싶은 물건에는 설명문을 쓰는 올바른 방법이 써 있습니다.

힌트: 설명문을 쓰는 올바른 방법이 맞게 쓰인 물건을 찾으면 됩니다.

아하~ 알았어

1 빈칸에 들어갈 중심 내용으로 알맞은 것에 ○표 하세요.

> 듣는 능력이 사람의 4배나 되고, 소리가 나는 방향으로 귀를 움직일 수 있어서 작은 소리도 금방 알아듣습니다.

(1) 개는 냄새를 잘 맡습니다. ( )

(2) 개는 소리를 잘 듣습니다. (○)

(3) 개는 사람을 알아보는 능력이 뛰어납니다. ( )

해설 | 세부 내용을 모두 포함하는 문장을 찾아봅니다. 세부 내용이 개의 청각 능력에 대한 내용이므로 중심 내용은 '개는 소리를 잘 듣습니다.'가 알맞습니다.

2 중심 내용에는 '중', 세부 내용에는 '세'라고 쓰세요.

(1) 드넓은 갯벌은 서산시의 자랑입니다. 끝없이 펼쳐진 갯벌에서 바지락 체험 등을 할 수 있습니다. (세)

(2) 서산시에는 볼거리가 많습니다. (중)

(3) 뭉툭해 보자 코끼리바위가 유명한 황금산은 작고 나지막한 산으로, 바다 한가운데 우뚝 솟아 있어 마치 섬처럼 보입니다. (세)

해설 | 문단 전체를 대표하는 내용이 '중심 내용'이고, 중심 내용을 뒷받침하거나 자세히 설명하는 내용이 '세부 내용'입니다.

3 글 ㉮~㉰를 설명문을 쓰는 순서에 맞게 기호를 쓰세요.

㉮ 첫째, 가습기는 얼굴에서 최소 2미터 떨어진 곳에 둡니다. 사람과 너무 가까우면 코와 목에 나쁜 영향을 줄 수 있습니다.

㉯ 겨울철에는 가습기를 틀어 집 안의 습도를 알맞게 유지하면 건강에 도움을 주지만 잘못 사용하면 오히려 건강을 해칠 수 있습니다. 가습기의 올바른 사용법은 무엇인지 알아봅시다.

㉰ 가습기의 올바른 사용법을 잘 알고 실천하여 건강한 생활을 하기 바랍니다.

글 (㉯) → 글 (㉮) → 글 (㉰)

해설 | 글 ㉯는 가습기의 사용법을 자세히 설명한 기간인 '처음' 부분, 글 ㉮는 설명하려는 대상을 받은 '처음 부분', 글 ㉰는 설명한 내용을 간단히 정리한 '끝부분'입니다.

쓰기가
문해력
이다

4단계

4주차 정답과 해설

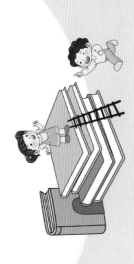

전기문 쓰기

어떻게 쓸까요

◇ **생각 모으기** 전기문으로 쓸 인물에 대해 알려 주고 싶은 것을 생각나는 대로 써 봅니다.

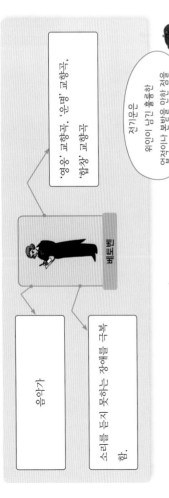

베토벤

음악가

소리를 듣지 못하는 장애를 극복함.

'영웅' 교향곡, '운명' 교향곡, '합창' 교향곡

전기문은 위인이 남긴 훌륭한 업적이나 본받을 만한 점을 중심으로 써야 해.

◇ **생각 정리** 생각나는 대로 쓴 것을 바탕으로 전기문에 쓸 내용을 정리해 봅니다.

출생
• 1770년, 독일의 본에서 태어남.
• 열네 살 때 궁정 악장의 연주자가 됨.
• 피아니스트로서 인정을 받고 인기를 모음.

성장 과정
(tip) 어린 시절에는 위인의 태어난 해와 태어난 나라, 자라온 과정 등을 소개합니다.

어려움
• 귓병이 심해져 소리가 들리지 않게 됨.
• 소리를 듣지 못하는 음악가는 쓸모없다고 좌절하고 생각해 죽으려고 함.

극복 과정
• 자신의 음악을 세상 사람들에게 모두 들려주기 전까지는 세상을 떠나지 않겠다고 결심함.
• 눈과 마음으로 소리를 느끼고 작곡을 하려고 노력함.

업적
• '영웅' 교향곡, '운명' 교향곡, '합창' 교향곡 등 많은 작품을 남김.

◇ 전기문은 실제로 살았던 훌륭한 인물의 생애를 기록한 글로, 인물의 생애를 통해서 교훈이나 가치를 전달하려는 목적이 있기 때문에 인물이 인물의 업적이 영향을 주로 쓰여요.

✿ 흐리게 쓴 글자를 한번 따라 써 보면 글쓰기에 도움이 됩니다.

◇ **글로 써 보기** 정리한 내용을 바탕으로 전기문을 써 봅니다.

장애를 이긴 위대한 음악가, 베토벤

베토벤은 1770년, 독일의 본에서 태어났습니다.

어릴 때부터 음악 공부를 하여, 열네 살 때 궁정 악장*의 연주자가 되었습니다. 또 자라면서 뛰어난 피아니스트로 인정받아 많은 사람에게 인기가 있었습니다.

그러던 어느 날, 베토벤의 귀에 병이 났습니다. 귀에서 윙윙 소리가 나면서 점점 소리가 들리지 않게 되었습니다. 베토벤은 소리를 듣지 못하는 음악가는 쓸모없다고 좌절하며 죽으려고 하였습니다. 그러나 베토벤은 곧 마음을 고쳐먹고, 자신의 음악을 세상 사람들에게 모두 들려주기 전에는 세상을 떠나지 않겠다고 결심했습니다. 진정한 소리는 귀가 아니라 눈과 마음으로 느낄 수 있다는 것을 깨닫고, 온 정성을 기울여 작곡에 힘을 쏟았습니다.

오직 음악과 더불어 산 베토벤은 1827년에 57세로 세상을 떠났습니다. 하지만 베토벤이 남긴 '영웅' 교향곡, '운명' 교향곡, '합창' 교향곡 등의 음악들은 지금까지도 많은 사람의 사랑을 받으며 꾸준히 연주되고 있습니다.

위인이 고난이나 역경을 이겨 내는 과정을 통해 교훈을 얻을 수 있어. 위인의 삶과 어울리는 제목을 정해 보도록 해.

* 궁정 악장 황제나 왕이 기거하는 곳에 세워진 악장.

글로 써 보기 정리한 내용을 바탕으로 전기문을 써 보세요.

예 노예 해방에 앞장선 링컨

1809년, 미국에서 태어난 링컨은 어린 시절 집이 가난하여 제대로 된 교육을 받지 못했습니다.

책을 살 돈도 없어서 수 킬로미터 떨어진 이웃 마을까지 걸어 다니며 책을 빌려 읽으며 꿈을 키워 갔습니다.

로 뒤 일자리를 구하지 못하고 닥치는 대로 일을 해야 했습니다. 그러나 늘 성실하고 정직하게 일하여 주변 사람들에게 믿음을 주었습니다.

링컨은 불우한 현실에 좌절하지 않고 혼자 힘으로 공부하여 변호사가 되었고, 마침내 1861년에는 미국의 제16대 대통령이 되었습니다.

그 당시 미국의 남쪽과 북쪽 사람들은 흑인 노예 문제로 사이가 좋지 않았습니다. 남쪽 사람들은 노예 제도가 필요하다고 주장했고, 북쪽 사람들은 노예 제도를 없애야 한다고 주장했습니다. 링컨은 흑인들을 사람이 아닌 게 신의 일부로 생각하는 노예 제도를 반대했습니다.

얼마 뒤 남북 전쟁이 일어났고, 링컨은 이 전쟁을 승리로 이끌며 흑인들을 노예에서 해방시켰습니다. 하지만 남북 전쟁이 끝난 후 제 한 주도 지나지 않아 링컨은 암살을 당하고 말았습니다.

> 위인이 그 나이나 역경을 이겨 내는 과정을 통해 교훈을 얻을 수 있어. 위인의 삶과 어울리는 제목을 정해 두도록 해.

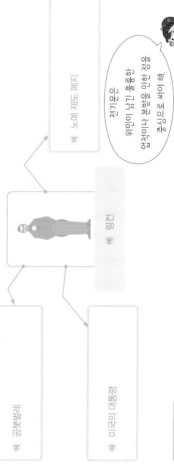

생각 모으기 전기문으로 쓸 인물에 대해 알려 주고 싶은 것을 생각나는 대로 써 보세요.

예 링컨
- 공부벌레
- 미국의 대통령
- 노예 제도 폐지

> 전기문은 위인이 남긴 훌륭한 업적이나 본받을 만한 점을 중심으로 써야 해.

생각 정리 생각나는 대로 쓴 것을 바탕으로 전기문에 쓸 내용을 정리해 보세요.

처음

예
- 1809년 미국에서 태어남.
- 집이 가난하여 제대로 교육받지 못함.
- 책을 읽으며 꿈을 키움.

어려움

예
- 책을 한 권을 빌리기 위해 수 킬로미터 떨어진 이웃 마을까지 걸어 다님.
- 제대로 된 일자리를 구하지 못하고 닥치는 대로 선원,
- 가게 점원, 우체국장 등 닥치는 대로 일을 함.

극복 과정

예
- 늘 성실하고 정직하게 일하여 주변 사람들에게 믿음을 줌.
- 혼자서 책을 읽고 공부하여 변호사가 됨.
- 스물다섯 살에 의원으로 뽑힘.
- 1861년 미국의 16번째 대통령이 됨.

끝

예
- 노예 제도 폐지를 주장함.
- 남북 전쟁을 승리로 이끌며 노예를 해방시킴.

자서전은 자신의 삶을 솔직하게 기록한 글이에요. 자신의 지난 삶을 되돌아보면서 자신이 살아온 환경, 인상 깊었던 경험, 생각 등을 써요.

✏ 흐리게 쓴 글자를 한번 따라 써 보면 글쓰기에 도움이 됩니다.

글쓰 써 보기
정리한 내용을 바탕으로 자서전을 써 봅니다.

나의 지난날을 돌아보며

자기소개 제 이름은 진아림입니다. 저는 2012년, 충청남도 공주에서 태어났습니다.

본론(성장) 여섯 살 때, 처음으로 두발자전거를 타게 되었는데 자꾸 넘어지고 속도가 날 때는 무서워서 포기하고 싶었습니다. 하지만 일주일 동안 열심히 연습하여 혼자서 탈 수 있게 되었습니다. 친구들과 자전거 도로를 신나게 달릴 때는 하늘을 날아갈 듯이 기뻤습니다.

일곱 살 때에는 기르던 강아지가 하늘나라로 갔습니다. 강아지에게 맛있는 것도 많이 주고, 좀 더 같이 놀아 줄 걸 하고 후회가 되어 며칠을 울었습니다.

열 살 때에는 교내 합창 대회에서 우리 반이 우승을 했습니다. 반 친구들이 기뻐하는 모습을 보니 나도 가슴이 벅차올랐습니다. 반 친구들과 함께 기쁨을 나누니 기쁨이 배가 되는 것 같았습니다.

결론 지난날을 돌아보면 슬펐던 일보다 기뻤던 일이 많았습니다. 앞으로도 좋은 친구들을 만나고, 바른 일을 하며 밝게 자라서 다른 사람에게 도움이 되는 어른이 되고 싶습니다.

글의 결부분에는 자신의 삶을 되돌아보며 앞으로 하고 싶은 일, 다짐, 바람 등을 쓸 때 나이 순서대로 기억에 남는 일임 중심으로 쓰도록 해.

* **벅차올랐습니다**: 큰 감정이나 기쁨으로 가슴이 몹시 뿌듯하여 막 솟아오르는 듯한 느낌

자서전 쓰기

2회

어떻게 쓸까요
(tip) 자서전은 글쓴이가 주인공이 됩니다.

생각 모으기 내가 태어나서 지금까지 겪었던 일 중 좋은 인상 깊었던 일을 생각나는 대로 써 봅니다.

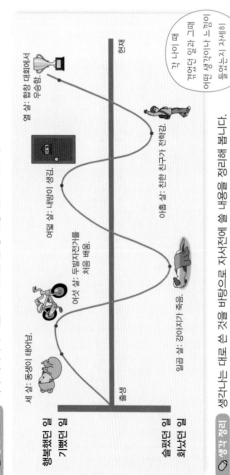

세 살: 동생이 태어남.
여섯 살: 두발자전거를 처음 배움.
여덟 살: 내방이 생김.
열 살: 합창 대회에서 우승함.
아홉 살: 친한 친구가 전학감.
일곱 살: 강아지가 죽음.

행복했던 일 기뻤던 일
슬펐던 일 화났던 일

각 나이 때 겪었던 일과 그때 어떤 생각이나 느낌이 들었는지 자세히 써야 해.

생각 정리 생각나는 대로 쓴 것을 바탕으로 자서전에 쓸 내용을 정리해 봅니다.

자기소개
• 진아림. 2012년, 충청남도 공주에서 태어남.

여섯 살 때
겪은 일
• 처음으로 두발자전거를 타게 됨.
생각이나 느낌
• 자전거 도로를 달릴 때 하늘을 날아가는 기분이었음.

일곱 살 때
겪은 일
• 강아지가 죽음.
생각이나 느낌
• 많이 놀아 주지 못한 것이 후회되었음.

열 살 때
겪은 일
• 합창 대회에서 우승함.
생각이나 느낌
• 친구들과 기쁨을 나누니 기쁨이 두 배가 됨.

결론
겪은 일
• 항상 대회에서 우승함.
생각이나 느낌
• 친구들과 기쁨을 나누니 기쁨이 두 배가 됨.

다른 사람에게 도움이 되는 어른이 되고 싶음.

(tip) "3세는 '세 살', '6세는 '여섯 살', 7세는 '일곱 살', '10세는 '열 살'로 씁니다.

글쓰기 오늘의

글로 써 보기 정리한 내용을 바탕으로 자서전을 써 보세요.

예) 주성민의 자서전

제 이름은 주성민입니다. 2012년, 경기도 수원에서 태어났습니다.

저희 가족은 제가 여덟 살 때 지금 살고 있는 동네로 이사를 왔습니다.

처음에는 친구가 없어서 무척 심심했습니다. 그래서 어머니께 매일 짜증

동네로 이사 가자고 떼를 쓰기도 했습니다. 하지만 금세 좋은 친구들이 생

겨서 잘 적응할 수 있었습니다.

아홉 살 때에는 운동회에서 반 대표로 이어달리기 선수를 했습니다. 비

록 우리 반이 졌지만 친구들이 잘했다고 응원해 주어서 뿌듯했습니다.

열 살 때에는 장염으로 병원에 입원을 했었습니다. 밤새도록 아픈 저를 간

호하시는 부모님을 보며 부모님의 사랑을 다시 한번 느꼈습니다. 그리고

마음속으로 부모님께 효도하겠다고 생각했습니다.

지금까지의 저는 무척 행복하게 살아왔다고 생각합니다. 좋은 친구들과

부모님 덕분에 밝고 건강하게 자라 왔으니까요. 앞으로도 많은 사람의 사

랑을 받으며 자라고 싶습니다.

> 나이 순서대로 기억에 나는 일을 줄글으로 써. 특히 글의 앞부분에는 자신의 이름이나 태어난 곳 등, 자신의 소개를 덧붙여서 해. 하고 싶은 일, 다짐, 반성 등을 쓰면 돼.

오늘의 글쓰기

생각 모으기 내가 태어나서 지금까지 겪었던 일 중 인상 깊었던 일을 생각나는 대로 써 보세요.

행복했던 일
기뻤던 일

예) 여섯 살: 햄스터를
키움.

예) 이름 살: 이어달리기
선수를 함.

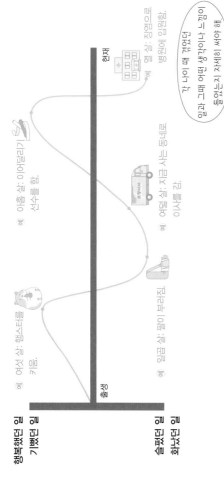

예) 열 살: 장염으로
병원에 입원함.

출생 ── 현재

예) 여덟 살: 지금 사는 동네로
이사를 감.

예) 일곱 살: 팔이 부러짐.

슬펐던 일
화났던 일

> 각 나이 때 겪었던 일과 그때 어떤 생각이나 느낌이 들었는지 자세히 써야 해.

생각 정리 생각나는 대로 쓴 것을 바탕으로 자서전에 쓸 내용을 정리해 보세요.

예) 주성민, 2012년, 경기도 수원에서 태어남.

겪은 일
예) 지금 살고 있는 동네로 이
사를 옴.

생각이나 느낌
예) 친구가 없어서 심심했지만
금세 좋은 친구들이 생겨서
기뻤음.

겪은 일
예) 운동회에서 반 대표로
이어달리기 선수를 함.

생각이나 느낌
예) 친구들이 응원해 주어
서 뿌듯했음.

겪은 일
예) 장염으로 병원에 입원함.

생각이나 느낌
예) 밤새도록 나를 간호하시
는 부모님을 보며 부모
님의 사랑을 다시 한번
느낌.

예) 지금까지가 무척 행복하게 살아왔다고 생각함.

안내문은 어떤 장소나 행사 등에 대한 정보를 알려 주는 글이에요. 읽는 사람이 꼭 알아야 할 중요한 내용이나 궁금해할 내용이 무엇인지 생각하며 써야 해요.

✿ 흐리게 쓴 글자를 한번 따라 써 보면 글쓰기에 도움이 됩니다.

글로 써 보기 정리한 내용을 바탕으로 안내문을 써 봅니다.

강아지 공원

사랑스러운 반려견이 마음껏 뛰어놀 수 있는 강아지 공원으로 오세요. 반려견의 스트레스를 확 날려 버릴 수 있습니다.

이용 시간
- 3월~10월: 오전 9시~오후 7시
- 11월~2월: 오전 10시~오후 6시

이용 대상
강아지 공원은 △△시 주민만 이용할 수 있습니다. △△시 주민이 아닌 분은 입장하실 수 없습니다.

이용 규칙
- 어린이는 반드시 어른과 함께 입장해야 합니다.
- 입장 후 2시간만 이용할 수 있습니다.
- 쾌적한* 환경을 위해 반려견의 배설물은 즉시 치워 주세요.

*쾌적한 기분이 상쾌하고 즐거운.

> 왜 이 장소를 안내하는지 그 까닭을 쓰고, 중요한 내용인지 간략하게 안내할지, 문장으로 풀어서 안내할지 생각해서 쓰도록 해. 문장으로 쓸 때에는 읽도록 해. 문장을 짧게 써야 해.

안내문 쓰기

어떻게 쓸까요

생각 모으기 안내하고 싶은 장소에 대한 정보를 생각나는 대로 써 봅니다.

강아지 공원

이용 대상 / 이용 시간 / 이용 규칙

> 표에 정리한 것 외에도 고객 센터 전화번호, 이용 요금 등 등 읽는 사람에게 도움이 되는 정보를 추가할 수 있어.

생각 정리 생각나는 대로 쓴 것을 바탕으로 안내문에 쓸 내용을 정리해 봅니다.

안내할 장소
강아지 공원

이용 시간
- 3월~10월: 오전 9시~오후 7시
- 11월~2월: 오전 10시~오후 6시

이용 대상
- △△시 주민만 이용할 수 있음.

안내하는 까닭
반려견이 마음껏 뛰어놀 수 있는 장소를 알려 주기 위해서

이용 규칙
- 어린이는 반드시 어른과 함께 입장해야 함.
- 입장 후 2시간만 이용할 수 있음.
- 반려견 배설물은 즉시 주워 치워야 함.

글로 써 보아요

표에 정리한 내용을 바탕으로 안내문을 써 보세요.

예 책 박물관

경기도 ○○시에 위치한 책 박물관으로 오세요. 독특하고 다양한 책들을 보며 책과 친해질 수 있는 기회가 될 것입니다.

행사 내용

책 박물관에 오시면 누구나 책 표지를 디자인해 볼 수 있습니다. 세상에 하나밖에 없는 나만의 책 표지를 만들어 보세요. 어린이에게는 책 주인공과 사진을 찍는 기회가 주어집니다.

이용 시간
• 월요일~금요일: 오전 9시~오후 5시
• 토요일: 오전 9시~오후 3시
• 매주 일요일: 휴관

이용 대상
○○시 시민은 물론 책 박물관에 오시고 싶은 사람은 누구나 오실 수 있습니다.

이용 규칙
• 다 읽은 책은 반드시 제자리에 꽂아 주세요.
• 책은 박물관 안에서만 볼 수 있으며 빌려 가실 수 없습니다.

왜 이 장소를 안내하는지 그 까닭을 쓰고, 중요한 내용이 간추려지게 안내될지, 문장으로 풀어서 내용지 생각해서 쓰도록 해. 문장으로 쓸 때에는 쉽도록 짧게 써야 해.

이렇게 써요

안내하고 싶은 장소에 대한 정보를 생각나는 대로 써 보세요.

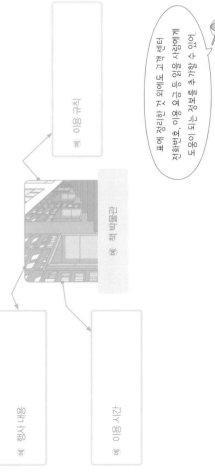

예 책 박물관

행사 내용

이용 시간

이용 규칙

생각 정리

생각나는 대로 쓴 것을 바탕으로 안내문에 쓸 내용을 정리해 보세요.

표에 정리한 것 외에도 고객 센터 전화번호, 이용 요금 등 이용 사람에게 도움이 되는 정보를 추가할 수 있어.

안내할 장소
예 책 박물관

행사 내용
예 • 누구나 참여할 수 있는 행사: 책 표지 디자인하기
• 어린이만 참여할 수 있는 행사: 책 주인공과 사진 찍기

이용 시간
예 • 월요일~금요일: 오전 9시~오후 5시
• 토요일: 오전 9시~오후 3시
• 매주 일요일: 휴관

안내하는 까닭
예 다양한 종류의 책을 보며 책과 친해질 수 있는 기회를 마련하기 위해서

이용 대상
예 ○○시 시민은 물론 책 박물관에 오시고 싶은 사람은 누구나 오실 수 있습니다.

이용 규칙
예 • 다 읽은 책은 제자리에 꽂아 두기
• 책은 빌릴 수 없음.

견학문은 견학을 다녀온 뒤 자신의 생각이나 느낌을 쓴 글이에요. 인상 깊었던 곳을 중심으로 본 것, 들은 것, 새로 알게 된 것들을 쓰고, 그에 대한 생각이나 느낌을 써요.

☀ 초리의 쓴 글자를 한번 따라 써 보면 글쓰기에 도움이 됩니다.

◆ 글로 써 보기
정리한 내용을 바탕으로 견학문을 써 봅니다.

민속 박물관을 다녀와서

견학 목적
우리 조상들의 생활 모습을 알아보기 위해 민속 박물관에 다녀왔다.

견학 내용
맨 처음 간 곳은 우리의 음식 전시실이다. 전시실에는 메주라 대롱대롱 매달려 있었다. 맷돌로 콩을 갈아서 메주를 만들고, 그 메주로 간장과 된장을 만든다고 한다. 콩과 소금만으로 맛있는 장을 만들었다는 것이 놀라웠다.

그다음 간 곳은 우리의 옷 전시실이다. 한 아주머니가 베틀에 앉아 옷감을 짜고 계셨다. 옛날부터 옷을 만드는 일까지 모두 집 해야 했다니 조상들께서는 무척 힘드셨을 것 같다.

마지막으로 간 곳은 우리의 집 전시실이다. 한옥과 초가집이 내부를 이리저리 구경했는데, 그중에서 아궁이에 불을 때면 방까지 따뜻해지는 온돌이 인상적이었다. 이 온돌 덕분에 우리가 지금까지 따뜻하게 지낼 수 있다니 조상들께 감사했다.

견학 소감
옛날 사람들이 먹던 음식이나 도구 중에는 지금까지 전해 내려오는 것들도 많았다. 조상들의 지혜 덕분에 지금의 우리가 편안하게 살고 있는 것 같다.

4주차 4회

어떻게 쓸까요
견학문 쓰기

◆ 생각 모으기
견학 장소 중 인상 깊었던 내용을 생각나는 대로 써 봅니다.

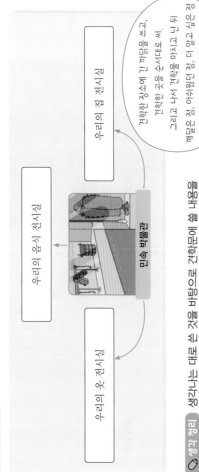

우리의 옷 전시실 → 우리의 음식 전시실

민속 박물관

우리의 집 전시실

◆ 생각 정리
생각나는 대로 쓴 것을 바탕으로 견학문에 쓸 내용을 정리해 봅니다.

견학 목적
우리 조상들의 생활 모습을 알아보기 위해

우리의 음식 전시실
보고 듣고 배운 것
• 맷돌로 콩을 갈아서 메주를 만들고, 그 메주로 간장과 된장을 만든다고 함.

생각이나 느낌
• 콩과 소금만으로 맛있는 장을 만들었다는 것이 놀라움.

우리의 옷 전시실
보고 듣고 배운 것
• 베틀로 옷감을 만드는 과정을 봄.

생각이나 느낌
• 직접 옷감을 짜고 옷을 만들어 입어서 힘들었을 것 같음.

우리의 집 전시실
보고 듣고 배운 것
• 한옥과 초가집에 사용된 온돌을 봄.

생각이나 느낌
• 온돌 덕분에 따뜻하게 지낼 수 있어서 조상들께 감사함.

견학 소감
조상들의 지혜 덕분에 우리가 편안하게 살고 있는 것 같음.

(tip) 보거나 듣거나 새로 알게 된 것을 쓰고, 그에 대한 생각이나 느낌을 씁니다.

견학한 장소에 간 까닭을 쓰고, 견학한 곳을 순서대로 써. 그리고 나서 견학을 마치고 난 뒤 깨달은 점, 아쉬웠던 점, 더 알고 싶은 점 등 전체적인 생각이나 느낌을 쓰며 마무리하면 돼.

견학한 곳을 쓸 때에는 '맨 처음, 그다음 간 곳, 마지막으로 간 곳과 같이 이동한 순서대로 순서에 있는 말을 사용해서 쓰면 돼.

이해하기

생각 모으기　견학 장소 중 인상 깊었던 내용을 생각나는 대로 써 보세요.

예) 우체국

예) 금융 서비스

예) 우편 서비스

예) 집배실

> 견학한 장소에 간 까닭을 쓰고, 견학한 곳을 순서대로 써. 그리고 나서 견학을 마치고 난 뒤 깨달은 점, 아쉬웠던 점, 더 알고 싶은 점 등 전체적인 생각이나 느낌을 쓰며 마무리하면 돼.

생각 정리　생각나는 대로 쓴 것을 바탕으로 견학문에 쓸 내용을 정리해 봅니다.

예) 우체국에서 하는 일이 궁금해서

예) 금융 서비스

보고 듣고 배운 것
- 예) 통장을 만들기도 하고, 다른 곳으로 돈을 보내기도 함.

생각이나 느낌
- 예) 내 이름으로 된 통장을 만들고 싶음.

예) 우편 서비스

보고 듣고 배운 것
- 예) 소포와 우편을 부치는 사람들로 분주함.

생각이나 느낌
- 예) 소포와 우편에 어떤 사연들이 담겨 있을지 궁금함.

예) 집배실

보고 듣고 배운 것
- 예) 기계가 우편물을 동별로 분류함.
- 규칙 봉투가 아닌 것은 손으로 직접 분류함.

생각이나 느낌
- 예) 집배원 아저씨를 위해 규칙 봉투를 써야겠다고 생각함.

예) 우체국에서 다양한 일을 하고 있어서 놀라웠음.

마무리하며

글로 써 보기　정리한 내용을 바탕으로 견학문을 써 보세요.

예) 우체국을 다녀와서

나는 우체국에서 하는 일이 궁금해서 우체국에 다녀왔다.

먼저, 1층에 들어서니 금융 서비스 쪽에서 사람들이 통장을 만들기도 하고, 다른 곳으로 돈을 보내기도 했다. 나도 통장을 만들어서 용돈을 차곡차곡 모으고 싶었다.

그다음에 우편 서비스 쪽에서 하는 일을 살펴보았다. 많은 사람이 소포와 우편을 부치느라 분주했다. 저 많은 소포와 우편에 어떤 사연들이 담겨 있을지 궁금했다.

2층으로 올라가자 집배실이 있었다. 산더미처럼 쌓여 있는 우편물을 기계에 넣자 기계가 우편물을 동별로 빠르게 분류했다. 한쪽에는 손으로 우편물을 분류하는 집배원 아저씨가 계셨다. 규격 봉투가 아닌 것은 손으로 직접 분류하신다고 한다. 집배원 아저씨를 위해 앞으로는 규격 봉투를 써야겠다고 마음먹었다.

우체국은 내가 아는 것보다 훨씬 다양한 일을 하고 있어서 놀라웠다.

> 견학한 곳을 쓸 때에는 '맨 처음, 그다음 간 곳, 마지막으로 간 곳과 같이 이동한 순서대로 쓰면 돼.

견학문 형식으로 일기 쓰기

어떻게 쓸까요?

생각 모으기 견학 장소 중 인상 깊었던 내용을 생각나는 대로 써 봅니다.

(tip) 견학 내용을 쓸 때에는 견학하며 보고 듣고 느낀 것들을 모두 기록하기보다 그중 특별히 기억에 남거나 인상 깊었던 것들을 중심으로 정리합니다.

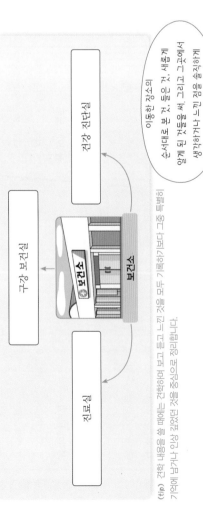

진료실　구강 보건실　건강 진단실

보건소

이동한 장소의 순서대로 본 것, 들은 것, 새롭게 알게 된 것들을 써. 그리고 그 곳에서 생각하거나 느낀 점을 솔직하게 써야 해.

생각 정리 생각나는 대로 쓴 것을 바탕으로 쓸 내용을 정리해 봅니다.

진료실
- 견학 목적: 이에 붕소를 바르고, 보건실에 어떤 것들이 있는지 궁금해서
- 견학 내용
  - 보고 듣고 배운 것: 예방 주사를 맞으려는 사람들로 북적였음.
  - 생각이나 느낌: 주사를 맞고 우는 아이들을 보니 나는 주사를 안 맞아서 다행이라고 생각함.

구강 보건실
- 보고 듣고 배운 것: 내부가 일반 치과와 비슷했음.
- 생각이나 느낌: 선생님이 친절하셔서 무섭지 않았음.

건강 진단실
- 보고 듣고 배운 것: 건강 검진에 필요한 다양한 시설들이 있음.
- 생각이나 느낌: 부모님도 건강 검진을 자주 받았으면 좋겠음.

견학 소감 적은 비용으로 건강을 챙길 수 있는 보건소가 있어서 다행이라고 생각함.

견학문 형식으로 일기를 쓸 때에는 먼저 견학을 간 날짜와 그날의 날씨, 제목을 써요. 일기의 내용에는 견학한 장소에서 보고 듣고 새로 알게 된 것과 느낀 점을 솔직하게 느낌을 써요.

🖋 흐리게 쓴 글자를 한번 따라 써 보면 글쓰기에 도움이 됩니다.

글로 써 보기 정리한 내용을 바탕으로 일기를 써 봅니다.

날짜 20○○년 11월 6일 금요일　**날씨** 찬 바람이 코끝을 스침.

제목 보건소 견학

아버지와 함께 보건소에 갔다. 이가 썩지 않도록 이에 붕소를 바르기 위해서였다. 나는 보건실에 어떤 것들이 있는지 궁금했다.

1층에 들어서니 진료실이 보였다. 예방 주사를 맞으려는 사람들로 북적였다. 주사를 맞고 우는 아이들을 보니 나는 주사를 안 맞아서 다행이라고 생각했다.

2층으로 올라가니 내가 가야 할 구강 보건실이 있었다. 내부는 일반 치과와 비슷했다. 선생님께서 이에 붕소를 발라 주신 다음 이를 닦는 방법도 가르쳐 주셨다. 치과에 갈 때마다 무서웠는데, 선생님께서 친절하게 말씀해 주셔서 무섭지 않았다.

3층에 올라가니 건강 진단실이 있었다. 건강 검진에 필요한 다양한 시설들이 보였다. 부모님께서도 건강 검진을 자주 받아서 건강을 잘 챙기시면 좋겠다.

보건소는 일반 병원보다 적은 비용으로 예방 접종과 각종 검사를 받을 수 있다고 한다. 적은 비용으로 건강을 챙길 수 있어서 정말 다행이라고 생각했다.

일기 형식에 맞춰 날짜, 날씨, 제목을 써야 해. 그리고 날씨가 잘 드러나도록 재미있고 자세하게 써 봐.

이렇게 써요

생각 모으기 견학 장소 중 인상 깊었던 내용을 생각나는 대로 써 보세요.

예 철도 모형 디오라마실

예 철도 박물관

예 차량실

예 시설실

(tip) '디오라마'란 대상을 같은 크기 또는 일정한 비례에 크기로 축소하여 실물처럼 만든 것을 말합니다.

이동한 장소의 순서대로 본 것, 들은 것, 새롭게 알게 된 것들을 쓰고, 그리고 그곳에서 생각하거나 느낀 점을 솔직하게 써야 해.

생각 정리 생각나는 대로 쓴 것을 바탕으로 쓸 내용을 정리해 보세요.

처음
예 예전 기차의 모습이 궁금해서

가운데

예 차량실

보고 듣고 배운 것
예 실제 기차의 부품이 전시되어 있고, 기차가 움직이는 원리를 보여 줌.

생각이나 느낌
예 기차를 발명한 사람이 대단하다고 느낌.

예 철도 모형 디오라마실

보고 듣고 배운 것
예 증기 기관차, 비둘기호, 새마을호, KTX 등의 모형들이 실제 움직임.

생각이나 느낌
예 기차를 타고 여행을 가고 싶음.

예 시설실

보고 듣고 배운 것
예 철도와 철도를 고치는 데 필요한 장비들이 전시됨.

생각이나 느낌
예 기차를 움직이는 데 많은 것들이 필요하다는 것에 놀라움.

끝
예 미래의 기차는 하늘을 날 수 있을지 궁금함.

글로 써 보기 정리한 내용을 바탕으로 일기를 써 보세요.

날짜	2000년 6월 5일 일요일	날씨	햇볕이 붓처럼 따스함.

제목 철도 박물관에 다녀와서

엄마 친 KTX를 타고 부산에 다녀오면서, 옛날 기차는 어떻게 생겼을지 궁금했다. 그래서 오늘은 부모님과 함께 경기도에 있는 철도 박물관에 갔다.

맨 먼저 차량실에 가니 실제 기차의 부품들이 전시되어 있었다. 기차가 움직이는 원리를 보면서 기차를 처음 발명한 사람이 대단하다고 느꼈다.

다음으로 철도 모형 디오라마실을 둘러보았다. 증기 기관차, 비둘기호, 새마을호, KTX 등의 모형들이 실제 움직이는 모습을 관람할 수 있었다.

움직이는 기차를 보니 기차를 타고 여행을 떠나고 싶었다.

마지막으로 간 곳은 시설실이었다. 철도와 철도를 고치는 데 필요한 가 종 장비들이 전시되어 있었다. 기차가 움직이려면 이렇게 많은 것들이 필요하다니 정말 놀라웠다.

철도 박물관을 둘러보면서 옛날부터 지금까지 기차의 모습이 다양하게 변했다는 것을 알 수 있었다. 미래의 기차는 과연 어떤 모습일까? 미래의 기차는 하늘을 날 수 있을지 궁금했다.

일기 형식에 맞춰 날짜, 날씨, 제목을 써야 해. 그리고 날씨가 잘 드러나도록 재미있고 자세하게 써 봐.

1 글 ㉮~㉣ 중 베토벤의 업적을 알 수 있는 글은 무엇인지 기호를 쓰세요.

㉮ 베토벤은 1770년, 독일의 본에서 태어났습니다.

㉯ 그러던 어느 날, 베토벤의 귀에 삥~ 하는 소리가 나면서 점점 소리가 들리지 않게 되었습니다.

㉰ 베토벤은 포 마음을 고쳐먹고, 자신의 음악을 세상 사람들에게 모두 들려주기 전에는 세상을 떠나지 않겠다고 결심했습니다.

㉱ 베토벤이 남긴 '영웅' 교향곡, '운명' 교향곡, '합창' 교향곡 등의 음악들은 지금까지도 많은 사람의 사랑을 받으며 꾸준히 연주되고 있습니다.

해설 글 ㉮에는 태어난 때의 것이, 글 ㉯에는 베토벤이 귀가 어려움이, 글 ㉰에는 베토벤이 어려움을 극복한 과정이, 글 ㉱에는 베토벤의 업적이 나타나 있습니다.

글 (㉱)

2 빈칸에 들어갈 알맞은 말에 ○표 하세요.

강아지 공원은 △△시 주민만 이용할 수 있습니다. △△시 주민이 아닌 분은 입장하실 수 없습니다.

해설 강아지 공원을 이용할 수 있는 사람이 누구인지 알려 주고 있으므로 빈칸에는 '이용 대상'이 들어가야 합니다.

(1) 이용 시간 ( ) (2) 이용 요금 ( ) (3) 이용 대상 (○)

3 ㉠~㉢을 본 것, 들은 것, 느낀 점으로 나누어 기호를 쓰세요.

맨 처음 간 곳은 우리의 음식 전시실이다. ㉠ 천장에는 메주가 매롱매롱 매달려 있었다. ㉡ 멧돌로 콩을 갈아서 메주를 만들고, 그 메주로 간장과 된장을 만든다고 한다. ㉢ 콩과 소금만으로 맛있는 장을 만들 수 있다는 것이 놀라웠다.

해설 ㉠은 음식 전시실에서 본 것, ㉡은 들은 것, ㉢은 느낀 점을 쓴 것입니다.

(1) 본 것: (㉠) (2) 들은 것: (㉡) (3) 느낀 점: (㉢)

해설 안내문, 전기문, 견학문은 견학문을 쓰는 방법을 바르게 알고 있는 아이는 모두 4명입니다.

생활 속의 다양한 글쓰기에 대해 바르게 말한 아이의 수만큼 아래에서부터 몇 칸까지 올라갈지 색칠해 보세요.

힌트: 전기문, 안내문, 견학문을 쓰는 방법을 잘 생각해 보세요.

빈칸 색칠하기

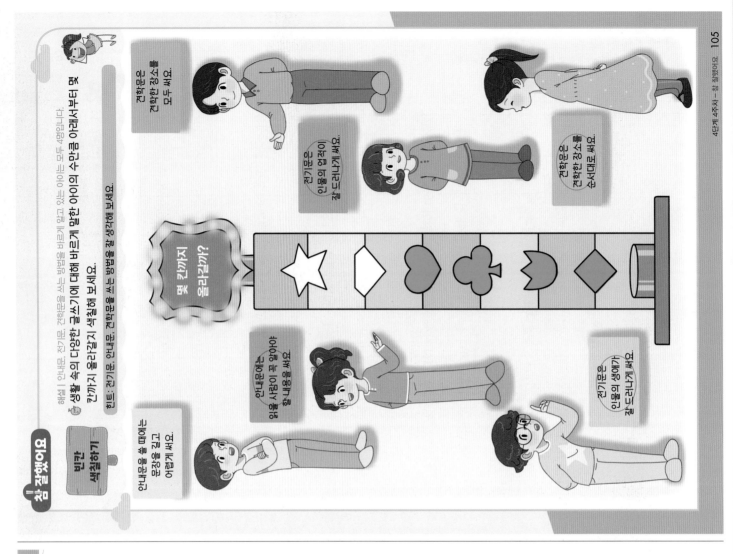

몇 칸까지 올라갈까?

견학문은 견학한 장소를 모두 쓰세요.

전기문은 인물의 업적이 잘 드러나게 쓰세요.

견학문은 견학한 장소를 순서대로 쓰세요.

전기문은 인물의 생애가 잘 드러나게 쓰세요.

안내문에는 읽을 사람이 꼭 알아야 할 내용을 쓰세요.

안내문을 쓸 때에는 문장을 길고 어렵게 쓰세요.

정답과 해설

쓰기 학습으로 문해력 키우는 **글쓰기 카드**

무엇을 쓸까요 ❓	학습 계획일에 맞춰 꾸준히 글쓰기를 했나요 ❓	스스로 칭찬하는 말, 격려의 말 한마디를 써 봅니다 ❗

월 일 **1회** 사실 중심의 설명문 쓰기 1
어떻게 쓸까요　☺ ○　☹ ○
이렇게 써 봐요　☺ ○　☹ ○

월 일 **2회** 사실 중심의 설명문 쓰기 2
어떻게 쓸까요　☺ ○　☹ ○
이렇게 써 봐요　☺ ○　☹ ○

월 일 **3회** 순서를 알려 주는 설명문 쓰기
어떻게 쓸까요　☺ ○　☹ ○
이렇게 써 봐요　☺ ○　☹ ○

월 일 **4회** 방법을 알려 주는 설명문 쓰기
어떻게 쓸까요　☺ ○　☹ ○
이렇게 써 봐요　☺ ○　☹ ○

월 일 **5회** 편지 형식으로 설명문 쓰기
어떻게 쓸까요　☺ ○　☹ ○
이렇게 써 봐요　☺ ○　☹ ○

아하~ 알았어요! ☺ 예　☹ 아니요　　**참~ 잘했어요!** ☺ 예　☹ 아니요

쓰기 학습으로 문해력 키우는 **글쓰기 카드**

무엇을 쓸까요 ❓	학습 계획일에 맞춰 꾸준히 글쓰기를 했나요 ❓	스스로 칭찬하는 말, 격려의 말 한마디를 써 봅니다 ❗

월 일 **1회** 전기문 쓰기
어떻게 쓸까요　☺ ○　☹ ○
이렇게 써 봐요　☺ ○　☹ ○

월 일 **2회** 자서전 쓰기
어떻게 쓸까요　☺ ○　☹ ○
이렇게 써 봐요　☺ ○　☹ ○

월 일 **3회** 안내문 쓰기
어떻게 쓸까요　☺ ○　☹ ○
이렇게 써 봐요　☺ ○　☹ ○

월 일 **4회** 견학문 쓰기
어떻게 쓸까요　☺ ○　☹ ○
이렇게 써 봐요　☺ ○　☹ ○

월 일 **5회** 견학문 형식으로 일기 쓰기
어떻게 쓸까요　☺ ○　☹ ○
이렇게 써 봐요　☺ ○　☹ ○

아하~ 알았어요! ☺ 예　☹ 아니요　　**참~ 잘했어요!** ☺ 예　☹ 아니요

3주차 설명문

66 아이들이 철쭉의 특징을 몰라서 어느 것이 철쭉이고 어느 것이 진달래인지 헷갈려 하고 있어요. 읽는 사람이 이해하기 쉽도록 하려면 설명문을 어떻게 써야 하는지 알아보고 설명문을 써 봐요. 99

철쭉은 꽃에 점이 있고, 꽃과 잎이 같이 피는데 진달래는 꽃에 점이 없고 잎도 없네.

어느 것이 철쭉이지? 너무 비슷해.

우리처럼 철쭉과 진달래를 헷갈려 하는 친구들을 위해 철쭉과 진달래의 특징에 대한 설명문을 써 볼까?

1회 사실 중심의 설명문 쓰기 1
설명문은 사실을 바탕으로 써야 하며, 글쓴이의 생각이나 의견, 주장 등이 들어가면 안 돼요.

2회 사실 중심의 설명문 쓰기 2
누구나 아는 사실보다는 읽는 사람이 모르는 내용이나 호기심을 가질 만한 내용을 쓰는 것이 좋아요.

3회 순서를 알려 주는 설명문 쓰기
일의 순서를 알려 주는 설명문은 먼저 할 일과 나중에 할 일을 차례대로 알려 주는 글이에요.

4회 방법을 알려 주는 설명문 쓰기
일의 방법을 알려 주는 설명문은 일의 순서와 관계없이 꼭 알아야 할 점이나 주의할 점 등을 설명하는 글이에요.

5회 편지 형식으로 설명문 쓰기
편지 형식의 설명문을 쓸 때에는 받는 사람이 궁금해할 만한 내용을 써요.

4주차 생활 속 다양한 종류의 글

66 아이들이 위인 박물관을 다녀온 뒤에 각자 쓰고 싶은 글에 대해 말하고 있어요. 글은 쓰려는 목적이나 종류에 따라 쓰는 방법이 달라요. 쓰고 싶은 글을 어떻게 써야 하는지 알아보고 다양한 글쓰기를 해 봐요. 99

위인 박물관에는 볼거리가 많네. 여기서 보고 느낀 걸 견학문으로 써서 오래 남겨 두고 싶어.

난 안내문을 써서 친구들에게 위인 박물관에 대한 정보를 알려 줄 거야.

나는 위인전을 써서 베토벤의 삶과 업적을 친구들에게 알려 주고 싶어.

1회 전기문 쓰기
전기문은 실제로 살았던 훌륭한 인물의 생애를 기록한 글로, 인물의 업적이 주로 쓰여요.

2회 자서전 쓰기
자서전은 자신의 삶을 솔직하게 기록한 글이에요. 자신의 일생을 되돌아보면서 써요.

3회 안내문 쓰기
안내문은 어떤 장소나 행사 등에 대한 정보를 알려 주는 글이에요.

4회 견학문 쓰기
견학문은 견학을 다녀온 뒤 자신의 생각이나 느낌을 쓴 글이에요.

5회 견학문 형식으로 일기 쓰기
견학을 간 날짜와 그날의 날씨, 제목을 써요. 일기의 내용에는 견학한 장소에서 보고 듣고 새로 알게 된 것과 든 생각이나 느낌을 써요.